明·朱睦㮮 撰

授經圖

中國書店

詳校官編修臣周瓊

臣紀昀覆勘

欽定四庫全書　史部十四

授經圖　目録類 經籍之屬

提要

臣等謹案授經圖二十卷明朱睦㮮撰睦㮮有易學識疑已著録是編所述經學源流也案崇文總目有授經圖三卷叙易詩書禮春秋三傳之學其書不傳宋章俊卿山堂考索嘗溯其宗派各為之圖亦未能完備且

頗有舛訛睦㮮乃因章氏舊圖而增定之首叙授經世系次諸儒列傳次諸儒著述歷代經解名目卷數每經四卷五經共為二十卷睦㮮自序稱釐為四卷疑傳寫有脫文也舊無刊板惟黃虞稷家有寫本康熙間虞稷乃同錢塘龔翔麟校而刻之虞稷序稱西亭舊本（案西亭即睦㮮之別號）先後不無參錯予與龔子蘅圃重為釐正易則以復古為先書則以今文

為首其他經傳之闕佚者復取歷代史藝文
志及通志通考所載咸為補入而近代傳注
可傳者亦間録焉視西亭所輯庶幾少補云
云又睦㮚義例稱周漢而下至金元作者凡
一千一百二十三人國朝三十九人經解凡
一千七百九十八部二萬一千七十一卷虞
稷等附注其下稱新增入古今作者二百五
十五人經解凡七百四十一部六千二百一

十八卷則虞稷等又有所竄改非復睦㮚之舊第矣今以所竄改者觀之易稱以復古為先而所刋予夏易傳實王弼注本非所謂古易也書稱以今文為首而所列朱子書古經實孔安國本又非所謂今文也以是例推殆未能盡允且睦㮚之作是書大旨病漢學之失傳因而溯其專門授受欲儒者飲水思源故所述列傳止於兩漢其子勤莫跋（案莫字原本誤）

作羡今改正亦稱秦燼之餘六經殘滅漢興諸儒頗傳不絶之緒於是專門之學甚盛至東京則授受鮮有次第而經學亦稍稍衰矣故是編所列多詳於前漢云云其著書之意綮然明白虞稷等乃雜採諸家以補之與睦欅所見正復相反然朱彝尊經義考未出以前能條晰諸經之源流者此書實為之嚆矢正不以有所點竄併其原書而廢之矣乾隆四十

九年十一月恭校上

總纂官臣紀昀臣陸錫熊臣孫士毅

總校官臣陸費墀

授經圖義例序

余觀崇文總目有授經圖不著作者名氏叙易詩書禮春秋三家之學求其書亡矣及閱章俊卿考索圖六經皆備間有訛舛余因考之蓋自東漢而下諸儒授受世有的派云其經義或私淑或自治或受之國學俱繫之為其受其傳傳可乎余於是稽之本傳參之諸說以嘗請業及家學者各為之圖以一二傳而止者亦録之以備沿考舊圖俱無傳圖後或録經論數條而諸儒行履

弗具使覽者不知其為何如人也余既為圖復捃摭其要而作傳無關經學無裨世教者皆畧焉傳成以諸儒著述及歷代經解附之釐為四卷藏之家塾以俟同好庶斯道之不墜也

萬歷元年孟秋望日汴上睦㮮撰

授經圖義例序

六經大義至宋儒昌明之而始無遺憾學者守為章程宜也不知絕續之際漢儒為難當日秦書既焚往聖遺

言漸滅殆盡幸而去古未遠閒得之屋壁所藏女子所獻老生所口述然而僅矣迨學者代興遐搜博攷或一人集衆是或數人成一經要其授受各有師承非若後人以意見為予奪也劉歆遺書博士譏孝宣時廣立經文義雖相反不嫌並設與其過而廢之寧過而立之旨哉斯言夾漈鄭氏乃云秦焚書而書存諸儒窮經而經絶於是有指斥漢儒跡其同異紛紜為詆訶所自起豈知前型未墜盡信非也概疑之亦非也六經之義如江

湖日月無所不該解之者惟其不背於經斯已爾而又何同馬夾漈之言過矣授經諸圖見於章氏考索明西亭宗正復加釐定并採諸儒言行列為小傳由是師友淵源燦如指掌自漢以後晨星相望傳家雖不逮漢儒而亦多有纘承惜其未暇補入然傳注義疏序解辨問諸條犁然各具於圖之左方覽者因目以求其書則得矣是集未經鏤版黄徵君俞邰向藏寫本龔主事蘅圃髙舍人澹人刻之白下世之師心黨同薄前賢為不足

法者庶幾知所返也然則漢儒洵有功于六經而為功
於漢儒者三子又將與西亭並傳也夫秀水朱彝尊粤
自經籍之傳聖言弘廣後世未易窺測言之者人殊其
義於是易有施孟梁丘京氏之學費直晚出其說盛行
于今書則歐陽大小夏侯為今文孔安國為古文詩則
有齊魯韓毛四家之異三禮則二戴之大小記高堂生
之儀禮劉歆之周官春秋則公羊之嚴氏顏氏穀梁之
瑕丘江公左氏之賈護劉歆各以其家法教授緣及東

京相仍未改班范二書之儒林傳與散見於諸列傳者可攷也宋崇文總目有圖三卷録存而書亡明萬歷初中尉西亭本其旨因章俊卿山堂考索圖更為紬訂每經之首著凡例數則其次為授經之圖又其次其為諸儒之行履有關經術者節為授末則附其所著而下及於魏晉以來傳註之目俾後人按籍以求瞭若掌録誠有功經學之書也惜其所載傳註時有缺誤而類例亦未盡善如古本之易上下經十翼各自為書王弼本始以

於講習之暇請付諸梓因敘其大畧云粵考易自田何而下其說大義畧同至京房為異書自孔安圖傳者為古文之學伏生傳者為今文之學詩則有毛韓齊魯四家春秋有左氏公穀三傳三禮得二戴劉歆纂次始大

大明於世其相傳之詳咸具圖傳中蓋自秦燼之餘六

經殘滅漢興諸儒頗傳不絕之緒於是專門之學甚至至東京則授受鮮有次第而經學亦稍稍衰矣故是編所載多詳於前漢舊圖頗有訛誤闕畧家君俱為正之

補之研精殫思亦有年矣其所録經解雖或未盡其書

而古今善言經者思過半矣

萬曆二年孟春十日予勤羨跋

授經圖卷一

明 朱睦㮮 撰

易

禮儗人必以其倫漢諸帝能從師受經至美也美而不録不可與儒生儕也不可儕故殊之殊之者尊之也

諸儒傳有關經學則詳否則識其出處大節而已事實尠必不可為傳者附其姓氏爵里及諸侯內以見之

諸儒有通四經五經者傳秪一見餘皆繫名於各派之下覽其圖則自知矣

京房有二其一頓丘人其一不知何許人皆以易學顯為太中大夫者顏師古謂書字誤耳不當作京房今圖並存以備參考

費直自為易以相授受原無師傳故别為一圖

高相易自言出于丁軍寬寛為景帝時人相為平帝時人相去甚遠或亦私淑者也欲附丁易一派無所安置

經籍考謂相受易王潢潢費學也玆因之圖從費氏

舊圖授受非的派者不録書十七卷詩十九人周禮二人移置别派者易三人詩四人禮一人

舊圖所遺者余據註疏及史漢諸書補入易二十九人書二十八人詩十四人春秋三十三人禮記一人周禮十一人

諸儒經解非有作者姓氏不録録之或因人以存其書或因書以彰其人周漢而下至金元作者凡一千一百

三十二人國朝三十九人經解凡一千七百九十八部二萬一千七十一卷新增入古今作者二百五十五人經解凡七百四十一部六千二百一十八卷

授經圖卷一

欽定四庫全書

授經圖卷二

明 朱睦㮮 撰

商瞿　橋庇　馯臂　周醜　孫虞

田何

王同　丁寬

楊何　主父偃　衡胡　即墨成　孟但　周霸

楊何　京房

衡胡　施讐

施讐　戴賓　張禹　魯伯

戴賓　劉昆　劉軼

張禹　彭宣　戴崇　毛莫如　邴丹

丁寬　田王孫　孟喜

孟喜　蓋寬饒　焦贛

焦贛　京房

京房　姚平　殷嘉

服生

項生

周王孫 蔡公

梁丘賀

臨

翟牧

白光

趙賓

五鹿充宗

王駿

乘弘

任良

衡咸

士孫張

鄧彭祖

授經圖卷三

明　朱睦㮮　撰

商瞿魯人字子木受易孔子以授魯人橋庇子庸子庸授江東馯臂子弓子弓授燕人周醜子家子家授東武孫虞子乘子乘授齊人田何

田何字子裝漢興以齊田徙杜陵號杜田生授易丁寬及東武王同子中雒陽周王孫齊人服生光皆著易傳

數篇王同授淄川楊何何字叔元元光中徵爲大中大
夫著易二篇又授齊人即墨成成至城陽相廣川孟但
爲太子門大夫魯人周霸莒人衡胡臨淄主父偃周王
孫授衛人蔡公著易二篇皆以易貴顯要言易者本之
田何
丁寬字子襄梁人初梁項生從田何受易時寬爲項生
從者讀易精敏材過項生遂事何學成何謝寬寬東歸
何謂門人曰易以東矣景帝時寬爲梁孝王將軍作易

説三萬言訓故舉大誼而已寛授同郡碭田王孫王孫授施讎孟喜梁丘賀繇是易有施孟梁丘之學

主父偃齊國臨淄人受易於王同遊齊諸子間諸儒生相與排擯不容於齊家貧假貸無所得北遊燕趙中山皆莫能厚客甚困以諸侯莫足遊者元光元年廼西入關見衛將軍青青數言於上上不省資用乏留久諸侯賓客多厭之廼上書闕下朝奏暮名入見所言九事其八事為律令一事諫伐匈奴是時徐樂嚴安亦俱上書

言世務上謂三人曰公皆安扗何相見之晚也迺拜偃
等皆為郎中偃數上疏言事遷謁者中郎中大夫嵗中
四遷元朔中拜偃為齊相無何齊王懼偃發陰事自殺
上怒迺徵下吏治遂族偃偃方貴幸時客以千數及族
死無一人視獨孔車收葬上聞之以車為長者
施讐字長卿沛人沛與碭相近讐為童子從田王孫受
易與孟喜梁丘賀並為門人謙讓常稱學廢不教授及
梁丘賀為少府事多迺遣子臨分將門人從讐問讐自

匿不肯見賀固請不得已乃授臨等於是薦讐結髮事
師數十年賀不能及詔拜讐為博士甘露中與五經諸
儒雜論同異於石渠閣讐授張禹琅邪魯伯伯為會稽
太守禹為丞相禹授淮陽彭宣沛戴崇子平崇為九卿
宣大司空魯伯授太山毛莫如少路琅邪邴丹曼容莫
如至常山太守繇是施氏有張彭之學
孟喜字長卿東海蘭陵人父號孟卿善為禮春秋授后
蒼疏廣世所傳后氏禮疏氏春秋皆出孟卿孟卿以禮

經多春秋繁雜乃使喜從田王孫受易喜好自稱譽得易家候陰陽災變書舉孝廉為郎曲臺署長以病免後為丞相掾博士缺衆人薦喜上聞喜改師法遂不用喜

喜授同郡白光少子沛人翟牧子兄讀曰況皆為博士繇是孟氏有翟白之學

梁邱賀字長翁琅邪諸人初從大中大夫京房受易房淄川楊何弟子也非為課吏法者及房出為齊郡太守賀更事田王孫宣帝時聞京房為易明求其門人得賀

賀時爲都司空令坐事免因名賀入說經上善之以賀
爲郎會八月飮酎行祠孝昭廟先敺旄頭劒挺墮墜首
垂泥中刃鄉乘輿車馬驚於是名賀筮之有兵謀不吉
帝還使有司侍祠是時霍氏外孫代郡太守任宣坐謀
反誅宣子章爲公車丞亡狂渭城界中夜玄服入廟居
郎間執戟立廟門待帝至欲爲逆發覺伏誅賀以筮有
應繇是近幸爲大中大夫給事中至少府子臨
臨傳父業亦入說經爲黃門郎甘露中奉使問諸儒於

石渠臨學精熟專行京房法琅邪王吉聞臨說善之時
宣帝選高材郎十人從臨講吉乃使其子郎中駿上疏
從臨受易臨授五鹿克宗君孟克宗為少府駿為御史
大夫克宗授平陵士孫張仲方沛人鄧彭祖子夏齊人
衡咸長賓張為博士至揚州牧光禄大夫給事中家世
傳業彭祖真定太傅咸講學大夫繇是梁丘有士孫鄧
衡之學
張禹字子文河内軹人為兒時數隨家至市喜觀於卜

相者前久之頗曉其别著布卦之意時從旁言卜者愛之謂禹父是兒多知可令學經及禹壯從沛郡施讐受易既明習舉為郡文學甘露中諸儒薦禹詔太子太傅蕭望之問禹對易望之善焉奏禹經學精習有師法試為博士初元中詔令授皇太子遷光禄大夫數歲出為東平内史成帝即位徵禹以師賜爵關内侯食邑六百户秩中二千石給事中領尚書事是時帝舅平陽侯王鳳為大將軍輔政專權而上富於春秋方嚮經學敬重

師傅而禹與鳳竝領尚書事内不自安數病上書乞退
上報曰朕以幼年執政萬機懼失其中君以道徳為師
故委國政君何疑而數乞骸骨忽忘雅素欲避流言君
其固心致思總秉諸事惟以孳孳無違朕意加賜黄金
百斤養牛上尊酒太官致餐侍醫視疾使者臨問禹惶
恐復起視事河平四年代王商為丞相封安昌侯為相
六歳以老病乞休上加優再三乃聽許賜安車駟馬罷
就第建平二年薨謚曰節侯

蓋寬饒字次公魏郡人從孟喜受易爲郡文學以孝廉爲郎累擢司隸校尉舉刺無所迴避京師爲清寬饒剛直高節志狂奉公家貧俸錢月數千半以給吏民爲耳目言事者予嘗步行自戍北邊公廉如此以上封事坐怨謗下吏寬饒自剄

焦贛字延壽梁人以好學得幸梁王王共其資用令極意學贛初從孟喜繼又得隱者之傳學旣成爲郡史察舉補小黄令以候司先知姦邪盜賊不得發愛養吏民

化行縣中舉最當遷三老官屬上書願留贛有詔許增秩留卒於小黄贛常曰得我道以亡身者必京生也其說長於災變分六十四卦以兌震坎離應二至二分其餘卦以中孚起每一卦六日七分更直用事以風雨寒溫為候各有占驗所著有易林十六卷

趙賓蜀人好小數書持論巧慧易家不能難云受孟喜喜為名之後賓死莫能持其說

京房字君明東郡頓丘人受易梁人焦延壽延壽云嘗

從孟喜問易會喜死房以為延壽易即孟氏學至成帝
時劉向校書考易說以為諸易家說皆祖田何楊叔元
丁將軍大誼略同惟京氏為異京氏以明災異得幸為
石顯所譖誅房授東海殷嘉河東姚平河南乘弘及任
良皆為郎博士繇是易有京氏之學
彭宣字子佩淮陽陽夏人治易事張禹舉為博士遷東
平太傅禹以帝師見尊信薦宣經明有威重可任政事
繇是入為右扶風歷遷大司空封長平侯及王莽秉政

宣上書乞骸骨莽恨宣求退遂白太后策免不賜黃金
安車駟馬宣居國數年薨謚頃侯
劉昆字桓公陳留東昏人梁孝王之胄也平帝時受施
氏易於沛人戴賓王莽世教授弟子恒五百餘人莽以
昆多聚徒衆繫昆及家屬於外黃獄莽敗得免建武五
年舉孝廉不行遂逃教授江陵光武聞之即除為江陵
令遷弘農太守有異政帝聞而徵之代杜林為光禄勳
令入授皇太子及諸小侯五十餘人二十七年拜騎都

尉以老乞骸骨詔賜洛陽第舍以千石禄終其身中元二年卒子軼字君文傳昆業門徒亦盛永平中為太子中庶子建武中稍遷中正卒官遂世掌宗正焉

姚平河東人京房弟子房欲建考功課吏法薦平為刺史時石顯疾房言之元帝遂出房為魏郡太守至新豐因郵上書曰臣弟子姚平謂房曰房可謂知道未可謂信道也房言災異未嘗不中今涌水已出道人當逐死尚復何言臣謂陛下至仁於臣尤厚雖言而死臣猶言

也乎又曰房可謂小忠未可謂大忠也昔秦時趙高用事有正先者非刺高而死高威自此成今臣出守自詭效功惟陛下毋使臣塞涌水之異當正先之死爲姚平所笑房去月餘竟徵下獄

費直字長翁東萊人治易爲郎至單父令長於卦筮亡章句徒以彖象繫辭文言爲十篇解說上下經琅邪王璜平中仲一曰能傳之

高相沛人治易與費公同時其學亦亡章句專說陰陽

奭異受之王璜傳子康及蘭陵毋將永康以明易為郎
永至豫章都尉繇是易有高氏之學

授經圖卷三

欽定四庫全書

授經圖卷四

明朱睦㮮撰

連山十卷夏后氏易司馬膺注　歸藏十三卷商易薛貞注

周易二卷卜子夏傳　周易古經一卷宋蓺文志

古易十三卷王洙　録古周易八卷晁説之

古易十二篇一卷吕祖謙　集古易一卷宋蓺文志

周易古經二卷吕大防　古周易十二卷吴仁傑

古易世學十五卷 豐坊 古易彙編十七卷 李本固

何氏古周易訂詁十六卷 何楷

連山備遺四卷 朱元昇 歸藏備遺三卷 朱元昇

周易備遺三卷 朱元昇

右古易

一字石經周易一卷 今字石經周易三卷

秦本石經周易九卷 蜀本石經周易十一卷

右石經

周易章句十卷孟喜　周易章句二篇施讐

周易章句二篇梁丘賀　周易章句四卷費直

周易章句十卷京房　周易章句十卷馬融

周易章句五卷劉表　周易章句十卷荀爽

周易章句一卷呂大臨　周易章句十卷程迴

右章句

易傳二篇王同　易傳二篇服光

易傳二篇周王孫　易傳八篇丁寛

易傳二篇韓嬰　易傳二篇蔡公

易傳二篇楊何　易傳三卷京房

易傳十二卷施孟梁丘三家　易傳十卷干寶

易傳一卷關朗　易傳十二卷僧一行

子夏易傳十一卷張弧　易傳十卷陸希聲

周易外傳二十二卷高定　易傳十卷程頤

易傳九卷蘇軾　易傳十卷王逢

易傳二十二卷李綱　易傳十卷朱震

易傳十卷 王令　易傳十卷 倪天隱

易傳十卷 譚世勣　易傳十卷 龔原

易傳三十二卷 王宗傳　易傳十一卷 朱震

易傳十一卷 李光　易傳十一卷 毛璞

易傳十二卷 陳禾　易傳十一卷 丁易東

周易本傳三十三卷 李舜臣

易傳十三卷 鄭夬　易傳十卷 張浚

周易傳二十卷 楊萬里　易詁訓傳十八卷 鼂公武

周易言象外傳十卷王洙

周易傳義補遺十二卷姜寶

周易小傳六卷沈該

周易翼傳二卷鄭汝諧

周易外傳一卷胡宏

周易釋傳二十卷錢時

易傳拾遺十卷胡銓

易傳闡庸一百二卷姜陽

右傳

周易注十卷鄭玄

周易注十卷宋衷

周易注五卷劉表

周易注十卷王肅

周易注十卷董遇

周易注上下經六卷王弼

周易注十卷 荀輝

周易注十卷 姚信

周易注九卷 虞翻

周易注十三卷 陸績

周易注十卷 干寶

周易注十卷 蜀才

周易注十卷 傅氏

周易注六卷 尹濤

周易注十卷 盧景裕

周易注十卷 黃穎

周易注十卷 何循

周易注十卷 王廙

周易注十三卷 崔覲

周易注十卷 崔浩

周易注十卷 王凱沖

周易注七卷 姚規

易一行傳注十二卷李吉甫

周易注八卷伏曼容

周易注十卷任希古

周易注十卷王玄度

周易注十卷王又玄

周易注十卷劉爕

祥符注十卷龍昌期

周易注十卷張滐光

周易注六卷劉牧

易補注三卷皇甫泌

易補注六卷龔鼎臣

周易注十卷宋咸

周易注十卷張應珍

易傳注二卷張清子

周易重注十卷鮑極

周易微注四卷王括　周易旁注十二卷朱升

周易旁注四卷李恕　易解十卷胡瑗

易解五卷石介　易解十九卷皇甫泌

周易補解一卷皇甫泌　易解十四卷王安石

易解十卷張弼　易解五卷邵古

易解一卷郭丙　易解六卷徐古為

易解二卷陳普　易解二卷沈括

易解二卷郭忠孝　傳家易解十一卷郭雍

郭氏易解八卷　易解二卷李舜臣

易解三十卷李開　逍遙公易解八卷李椿年

易解一卷呂大臨　易解六卷劉翔

易解十二卷蘭廷瑞　易解六卷鄒巽

易解六卷徐直方　易解十卷程達

易解十卷龔夢龍　易解二卷何夢桂

易解十卷劉禹偁　蔡節齋易解四卷

陳譜易解四卷　龍舒易解一卷王日休

虛谷子解周易三卷 劉烈
周易經傳訓解二篇 蔡淵
周易經傳訓測十卷 湛若水
來氏易解十五卷 來知德
周易正解二十卷 郝敬
周易約解九卷 鄭東卿
周易約解九卷 潘夢旂
繫辭注二卷 韓康伯
繫辭注二卷 桓玄
繫辭注二卷 謝萬
繫辭注二卷 卞伯玉
繫辭注二卷 宋褰
繫辭注二卷 荀柔之
繫辭注二卷 荀該
繫辭注二卷 謝平

繫辭注二卷王柏　易辭辭解一卷程頤

繫辭解十卷劉槩　繫辭說二卷司馬光

易象解二卷劉濂　卦變解二卷徐庸

右注

周易集解十卷馬鄭孔王四家　周易集注十卷荀爽九家

集二王注十卷楊氏　周易集解十卷張璠

周易集注一百卷朱异　周易集解十七卷李鼎祚

周易會釋記二十卷陸希覺

周易集注一百卷元載
易五十家解四十二卷楊文煥
易統刪定十卷古成之　周易集解三十六卷林栗
周易集注六卷劉牧鄭夬二家　周易集注十卷張清子
周易集傳十一卷經籍志　周易集解十卷呂大圭
易義海一百卷房審權　易義海撮要十二卷李衡
四李易全解十卷李彥章李端行李舜臣李士表
玩易彙編十二卷王懋　大易粹言十卷曾穜

大易集傳粹義六十四卷 陳隆山

周易集義七十四卷 魏了翁

周易集義十二卷 宋諸儒　三家易解三十卷 李宏

周易輯聞六卷 趙汝楳　周易叢書十卷 趙汝楳

周易集解六卷 凌唐佐　周易集傳二十卷 紇石烈

周易集說十卷 俞琰　周易纂言十二卷 吴澄

周易纂注十四卷 董真卿　周易詳解四十卷 吴澈

周易詳解三十卷 李杞　周易傳義附錄一卷 董楷

周易本義集成二卷熊良輔

周易大全十四卷胡廣等

周易古今文全書二十一卷楊時喬

古易詮二十九卷鄧伯羔　今易詮二十四卷鄧伯羔

右集注

周易義疏二十卷宋明帝與羣臣講

周易義疏十四卷蕭子政　周易義疏十六卷周弘道

周易文句義疏二十四卷陸德明

周易文句義疏二十卷梁蕃

周易證義疏二十卷范諤昌

周易乾坤義疏一卷劉瓛

繫辭義疏一卷梁武帝

繫辭義疏二卷蕭子政

繫辭義疏二卷劉瓛

周易講疏二十卷張該

周易講疏三十五卷梁武帝

周易講疏三十卷張譏

周易講疏十六卷褚仲都

周易講疏十三卷何妥

周易大義二十一卷梁武帝

周易大義疑問二十卷梁武帝

周易文外大義二卷陸德明

周易括囊大義十卷四庫書目

周易要義十卷長孫無忌 周易要義十卷魏了翁

周易新注本義十四卷薛仁貴

周易正義十四卷孔穎達 周易正義補闕七卷邢鑄

周易正義十六卷任希古 周易甘棠正義三十卷任貞一

周易會通正義三十二卷縱康乂

周易新傳疏十卷陰弘道 周易王道小疏十卷張弘

周易廣疏三十六卷刁徽　周易異義一卷許慎

周易幾義一卷蕭偉　周易發義一卷蕭偉

周易發義一卷劉不疑　周易開題義十卷梁著

易釋序義三卷梁著　周易口訣義六卷史證

周易新義上下二卷沈季長

易說精義三卷四庫書目　易箝精義二卷孫坦

繫辭精義二卷呂祖謙　周易總義二卷戴端明

周易總義二十卷易祓　周易證義十卷王大寶

周易繫辭義二卷劉向　周易文言注義一卷王弼

爻義一卷干寶　周易義一卷范歆

周易義六卷魏徵　易義五卷盧行超

周易義三十卷全緩　易義十卷黄晞

易義一卷黄通　易義二卷李貢

易義一卷周孟陽　易義十卷彭汝礪

易義五卷趙仲鋭　易義十二卷謝湜

易義八卷皇甫泌　易義二卷葉子長

周易本義十二卷朱熹　周易本義通釋十卷胡炳文
周易本義八卷張清子　易本義附錄十四卷胡一桂
周易正書十卷董楷　河圖易象本義一卷陳訥
朱氏大義發揮七卷何基　周易口義二十卷胡瑗
周易口義十卷石介　周易義畧九卷張簡
周易義畧十卷冀辰　周易解義四十卷胡有開
周易解義十卷耿南仲　易續解義十七卷龔原
吳園易解義九卷張根　周易解義十二卷安詠

周易衍義二十卷 許復 周易衍義八卷 胡震

周易演義十二卷 徐師曾 大象衍義一卷 王柏

周易講義十卷 龔原 周易講義三卷 湯義

周易講義九卷 夏休 周易講義三卷 湯渙

周易講義六卷 商飛卿 周易餘義一卷 楊幅

周易經解通義三十卷 李授之

易象通義二卷 馮去非 周易贊義七卷 馬理

易原奥義二卷 經籍志 周易叅義十卷 梁寅

易象義五卷周滿　大行義一卷李覺
易義叢十六卷葉良佩　周易私記二十卷隋藝文志
周易難王嗣嗣義一卷顧夷
義決一卷僧行行　易訓三十卷倪思
周易旨要二十卷代淵　易學五十卷馮椅
易釋象一卷曾幾　繫辭義纂二卷鄒浩
周易辯錄四卷楊爵　易學義林十卷顏鯨
周易義證總要二卷通志略

像象管見七卷 錢一本　啓新齋易象抄三卷 錢一本

家人行義二卷 文淵閣書目

右義疏

道訓二篇 淮南九師　說略三篇 五鹿充宗

易辨一卷 王弼　周易論三卷 阮渾

周易論十卷 周顒　周易論四卷 范氏

周易論三卷 僧一行　周易論三十三卷

易論十卷 陳皐　易論十三篇 李覯

易論三卷馮時行 易論要纂一卷尹天民

通易論一卷宋岱 易通論一卷阮籍

易通論一卷宋處宗 明易論一卷應吉甫

通易象論三卷欒肇 易象論一卷宣聘

周易無互體論三卷鍾會 周易盡神論四卷鍾會

周易略論一卷張璠 廣論一卷通志略

周易窮微論一卷王弼 周易闡微論六卷龔珍

周易卦序論一卷楊乂 周易統略論三卷鄒寬

周易開題序論十卷梁武帝
二阮難答論二卷阮長成 阮仲容
易卦正名論一卷劉不疑 周易異義論十卷劉遵
周易制器尚象論一卷陳希亮
卦德統論一卷劉牧 周易演聖通論十六卷胡旦
周易通神論一卷吳秘 刪定易圖序論六卷李覯
易摭卦總論十卷朱承祖 四學源源論一卷郭忠孝
吳園易序論七卷張根 易二五君臣論一卷閭丘昕

羲文易論徵一卷樂只道人
大衍論三卷王弼
大衍論三卷唐明皇
大衍論二十卷僧一行
周易宗塗四卷干寶
周易髓十卷郭璞
周易發揮五卷王叡
周易口訣六卷魏徵
周易口決六卷王鏞
周易口訣七卷陸太易
周易玄談六卷孔穎達
周易微旨一卷陸希聲
周易玄解三卷裴通
周易開玄關一卷蘇鶚
周易玄品二卷隋蕭文志
周易玄悟三卷通志略

周易啓玄一卷張元　周易玄統一卷白雲子

大易鈎玄二卷鮑恂　周易精微三卷周鎮

周易精微三卷皇甫泌　周易通神二卷孫坦

周易析藴一卷孫坦　周易啓源十卷蔡廣成

周易外義三卷蔡廣成　周易明文十卷郭思永

周易析微通説三十卷楚泰

周易聖斷七卷鮮于侁　周易意藴一卷徐庸

周易意學十卷陸秉　易通四十篇周惇頤

周易發隱二十卷陳良獻　學易蹊徑二十卷田疇

學易濫觴十二卷黃澤　周易發微十卷趙令湑

大易觀象三十二卷鄭子厚

易學索隱一卷袁樞　室中記師隱訣一卷黃黎獻

周易綱旨二十卷王哲　周易變體十六卷都潔

周易通變四十卷張行成　周易述行十八卷張行成

周易玩辭十六卷項安世　易通六卷趙以夫

易訣九卷林德祖　周易窺餘十五卷鄭剛中

周易發題一卷 張元　周易發題一卷 任奉古

大易璇璣三卷 吳流　周易宏綱八卷 劉文郁

周易原旨六卷 保八　周易辭徵三卷 宋莪文志

周易或問十卷 姚麒　周易時用書十二卷 鄭揚庭

明用書九卷 鄭揚庭　周易隱訣一卷 通志略

周易述聞一卷 皇甫泌　周易述說一卷 詹一麟

周易會通四卷 經籍志　周易宗旨八卷 甯欽

周易流演五卷 通志略　周易發揮七卷 何基

繫辭發揮二卷 何基

周易正蒙十卷 史于光

周易直指十卷 揚士奇

周易疑通五卷 何謹之

周易問難二卷 王氏

周易問答一卷 徐伯珍

周易物象釋疑一卷 東鄉助

周易要削三卷 王隱

周易折中三十三卷 趙采

周易絕筆書四卷 龍昌期

周易辨惑一卷 邵伯溫

易疑問一卷 李椿年

易餘意一卷 李宏

易辨三卷 何萬

易正經明疑錄一卷 宋萩文志

周易釋疑一卷 通志略　周易參疑十二卷 孫化光

周易問二十卷 隋藝文志　易指歸議一卷 通志略

易蘊一卷 劉采　易樞十卷 宋藝文志

學易疑誼三卷 鍾芳　古易辨一卷 季本

圖文餘辨一卷 季本　易經存疑卷 林希元

易詮七卷 李翺　易筌一卷 阮逸

易筌六卷 焦竑　周易釋變一卷 陸希聲

易忘象三卷 崔良佐　周易卦斷一卷 丘鑄

辨劉牧易一卷 陳希亮　王劉易辨二卷 宋咸

易訣一卷 許季山　易訓三卷 宋咸

觀變外篇一卷 林至　易裨傳二卷 林至

易童子問一卷 陳宏　易童子問三卷 歐陽脩

易心三卷 王愷　義易正元一卷 劉半千

易學五卷 李燾　易學一卷 汪湜

廣川易學三十四卷 董逌　易述古言二卷 林起鰲

易原三卷 楊沇　易原十卷 程大昌

易原一卷　常豫
易索十三卷　張汝明
觀畫所見二卷　李椿年
述釋葉十易一卷　袁聘儒
易變卦八卷　林儵
變卦纂集一卷　林儵
淵源錄三卷　何萬
正易心法一卷　麻依道人
易外編一卷　程迥
易書一百五十卷　裴通
窮理盡性經一卷　通志略
大易總鑑二卷　經籍志
九師遺說十六卷　經籍志
集鄭康成易註一卷　王應麟
易雅一卷　趙汝楳

東皐老人百易易二卷 牧齋書目

易象意言一卷 蔡淵　洊象通贊七卷 鄭滁孫

中天述考一卷 鄭滁孫　中天述衍一卷 鄭滁孫

大衍索隱三卷 丁易東　大傳雜説一卷 李燾

因説外傳名一卷 晁補之　太極傳五卷 晁補之

易外篇一卷 程迥　學易記三卷 周方

讀易記八卷 方實孫　學易記九卷 李簡

讀易記十卷 王柏　讀易別記十卷 王炎

淙山讀易記六卷經籍志　易說一卷

讀易記三卷王漸逵　丙子學易篇十五卷李心傳

易經遺說三十卷朱熹　朱子易說二十三卷朱鑑編

易學啓蒙三卷朱熹　啓蒙問荅二卷朱熹

易學啓蒙通釋二卷胡方平

周易啓蒙小傳一卷稅汝權

周易啓蒙翼傳四卷胡一桂

周易啓蒙意見四卷韓邦奇

易說三卷鄭東卿　易說十卷張載
易說一卷司馬光　易說一卷李沐
易說三卷趙汝談　東萊易說二卷呂祖謙
復齋易說六卷趙彥肅　易說十卷喬執中
周易說九卷李贊　易說一卷徐幾
易說一卷楊時　易說一卷游酢
了翁易說一卷陳瓘　易說十一卷張栻
易說十二卷李過　易說二卷趙善譽

易說九卷林德祖　易說十二卷林儵

易說十卷李光　易說拾遺二卷尹天民

易說一卷吳如愚　涵古易說一卷王柏

谿南易說九卷程轍　周易約說一卷趙善湘

周易本說十卷齊履謙　探易說一卷丘富

周易說約一卷黎立武　易叢說三卷朱震

周易總說二卷戴溪　周易說翼三卷呂枏

周易約說十二卷方獻夫　學易管見七卷呂大圭

讀易管見七卷孫嶸叟　讀易舉要四卷易祓

讀易舉要四卷俞琰　讀易備忘四卷黃潛翁

讀易考原四卷蕭漢中　讀易愚得一卷顧應祥

讀易餘言五卷崔銑　淮海易談四卷孫應鰲

易經蒙引十二卷蔡清　易象大旨八卷薛甲

周易象旨決錄七卷熊過　易學四同十二卷季本

繫辭要旨一卷宋蓺志文　易象正十二卷黃道周

易象通八卷朱謀㙔　易大象解二卷崔銑

大象述一卷（王識）　六龍解一卷（管志道）

復卦說一卷（真德秀）　河圖解二卷（康平）

河圖洛書解一卷（沈濟）　河圖傳一卷（李平西）

周易外傳一卷（方逢時）　易外別傳一卷（俞琰）

己易一卷（楊簡）　易老通言十卷（程大昌）

右論解

周易略例一卷（王弼）　略例注十卷（韓康伯）

略例注一卷（邢璹）　略例疏一卷（莊道明）

略例義一卷 黃黎獻　卦略一卷 王弼

卦略注一卷 邢璹　周易統例十卷 崔覲

周易日月變例六卷 虞翻　周易編例十卷 經籍志

略例一卷 桂詢　易指略例一卷 孫逢吉

周易義類三卷 顧粲　周易卦類三卷 宋藝文志

先儒遺事一卷 劉牧

右義例

略譜一卷 袁宏　周易譜一卷 沈熊

易玄星紀譜一卷晁說之

右譜

周易舉正三卷郭京

周易證墜簡二卷范諤昌

易古經考異釋疑一卷洪興祖

古易考一卷程迥

易正誤二卷鄭亨仲

歷代因革一卷董真卿

右考証

周易卦象數旨一卷李顒　皇極經世二十卷邵雍

經世系篇序述二卷邵雍　觀物內篇解二卷邵伯温

皇極經世索隱二卷張行成

觀物外篇衍義二卷張行成

易數一卷陳高　易軌一卷蒲虔貫

三易洞璣八卷黃道周

右象數

易圖一卷陸希聲　大衍玄圖一卷僧一行

周易普玄圖八卷 薛景和　龍圖一卷 陳摶

周易因象圖一卷 張杲

流演窮寂圖五卷 成玄英　易傳纂圖三卷 王弼

周易稽順圖十卷 荊州田氏書目

卦氣圖一卷 樂洪　周易卦圖系述五卷 趙震隣

周易圖義二卷 葉昌齡　易象數鈎隱圖三卷 劉牧

續鈎隱圖一卷 黃黎獻　易圖一卷 田疇

易卦圖三卷 朱震　大易源流圖一卷 范諤昌

周易先天流演圖十二卷孫份

伏羲俯仰畫卦圖一卷彭汝礪

周易乾生歸一圖十卷石汝礪

周易通考圖說二篇馮去非

易或問類例圖象四卷趙以非

周易圖說三卷吳仁傑

易卦疑難圖二十五卷鄭東卿

逢軒錢氏圖說三卷八卦小成圖二卷陳高

大易圖說二十五卷鄧錡　周易圖三卷張理

易象數鈎深圖六卷張理　周象圖說六卷張理

周易旁注前圖二卷朱升　周易圖釋一卷劉定之

伏羲圖贊六卷陳第

右圖

周易音一卷李軌　周易音一卷徐邈

周易音一卷范氏　周易竝注音七卷陸德明

周易釋文一卷陸德明　古易音訓二卷朱熹

古易音訓二卷呂祖謙　雜音三卷沈熊

周易音訓三卷李恕　讀易韻考七卷張獻翼

右音

乾坤鑿度二卷伏羲文王帝演蒼頡修

乾鑿度二卷鄭玄注　稽覽圖七卷鄭玄注

是類謀一卷　辨終備一卷

乾元序制記一卷　坤靈圖一卷

通卦念二卷　流演通卦騐一卷

易緯九卷　京房易鈔一卷

右緯

災異占六十六篇孟喜　易林十六卷

周易四時占候二卷　京氏略說十二篇

周易錯八卷京房　積算雜占條例法一卷

周易逆刺占災異十二卷費直

易旗七十一卷任良　周易林四卷管輅

周易集林律歷一卷　周易林十六卷

周易集林律歷一卷 虞翻 周易林十六卷 崔篆

周易質疑卜傳三十卷 楚泰

周易筮占二十四卷 徐苗 周易林七卷 張滿

周易雜占筮訣二卷 梁運 周易雜占七卷 許峻

周易集林十二卷 伏曼容 周易雜占八卷 尚廣

蓍卦辨疑三卷 通考 蓍卦考誤一卷 朱熹

揲易古法一卷 鄭克 周易筮宗一卷 趙汝楳

揲易法一卷 青城子

先天易鈐太極寶局二卷牛師德

周易古占法并圖一卷程迥

周易筮傳一卷湯建　易占經緯四卷韓邦奇

蓍法別傳一卷季本

右占術

太玄經九卷楊雄　太玄經注十卷宋衷

太玄經注十二卷陸積　太玄經注十四卷虞翻

太玄音訓一卷馮元　太玄圖一卷林共

太玄經注十卷蔡文邵　太玄補正十卷范諤昌

太玄經發隱三卷章蔡

太玄經講疏四十六卷章察

太玄經注十二卷范望　太玄經注六卷王涯

太玄正義一卷鄭胄　太玄經傳三卷杜元穎

太玄經注十卷宋維翰　太玄經注十卷林瑀

太玄釋文一卷林瑀　太玄經手音一卷司馬光

太玄經疏十八卷郭元亨　太玄經手音一卷程貫

通玄十卷王長文　演玄十卷陳漸
説玄一卷王涯　翼玄十二卷張行成
元包十卷衛元嵩　元包數義二卷張行成
洞林三卷郭璞　太易十五卷張志和
潛虛一卷司馬光　潛虛衍義十卷張行成
右擬易

授經圖卷四

欽定四庫全書

授經圖卷五

明 朱睦㮮 撰

詩

韓嬰精詩又通易舊圖兩見今以韓詩為專門特置於此

毛詩謝曼卿魯詩高嘉右師細君魏應韓詩薛漢雖無師承而傳右次第如識之以備洛考

舊圖許晃受詩申公傳李業按漢書申公高帝時人許

晃平帝時人相去甚遠非的傳故置别派

舊圖孔建孔僖皆治毛詩而授受未詳本傳亦無世學

之文故不載

授經圖卷五

欽定四庫全書

授經圖卷六

明 朱睦㮮 撰

商—曾申—李克—孟仲子—根牟子—荀卿—毛亨

毛萇—貫長卿—解延年—徐敖—陳俠

王璜

謝曼卿

賈徽—逵

衛宏—徐巡

- 浮丘伯
  - 穆生
  - 劉交
  - 申公
    - 夏寬
    - 周霸
    - 徐偃
    - 孔安國
    - 趙綰
    - 王臧
    - 瑕丘江公
      - 博士江公
        - 卓茂
        - 玄成
        - 韋賞
          - 龔舍
        - 薛廣德
          - 龔勝
        - 唐長賓
        - 張長安
          - 游卿
            - 王扶
        - 褚少孫
          - 許晏
      - 韋賢
    - 魯賜
    - 繆生
    - 闕門慶忌
    - 徐公
    - 許生
    - 高嘉
      - 容
        - 詡
    - 右師細君
      - 包咸
        - 黃讜子
    - 魏應
      - 劉伉
    - 許晃
      - 李業
  - 劉郢客
  - 白生

- 轅固
  - 夏侯始昌
    - 后蒼
      - 白奇
      - 翼奉
      - 匡衡
        - 伏理
          - 湛
            - 黯
              - 恭
                - 壽
            - 晨
              - 無忌
                - 質
                  - 完
        - 咸
        - 師丹
          - 班伯
        - 滿昌
          - 張邯
          - 皮容
      - 蕭望之

- 韓嬰
  - 賁生
  - 博士商
    - 涿韓生
      - 趙子
        - 蔡誼
          - 王吉
            - 長孫順
              - 髮福
          - 食子公
            - 栗豐
              - 張就
    - 薛漢
      - 韓伯高
      - 澹臺敬伯
      - 杜撫
        - 趙曄

欽定四庫全書

授經圖卷七

明 朱睦㮮 撰

卜商字子夏衛人孔子弟子子夏問巧笑倩兮美目盼兮素以為絢兮何謂也子曰繪事後素曰禮後乎孔子曰商始可與言詩已矣孔子既没子夏居西河教授為魏文侯師子夏作詩序以授曾申申授李克克授孟仲子仲子授根牟子根牟子授荀卿荀卿授毛亨亨作詩

訓傳以授毛萇以二公所傳故稱毛詩

荀卿名况趙人從根牟子受詩又從虞卿受春秋年五十始游學於齊齊襄王時荀卿最為老師齊尚修列大夫之缺而荀卿三為祭酒齊人或讒荀卿卿乃適楚春申君以為蘭陵令及廢遂家蘭陵著書數萬言號曰荀子

毛亨魯人為詩訓詁傳於其家漢初河間獻王好學得詩傳而獻之朝是時有毛萇者授亨詩為獻王博士每

說詩獻王悅之因復取詩傳加毛字以别齊魯韓三詩也故世謂亨為大毛公萇為小毛公亨詩傳繇萇盛行於漢鄭玄為之箋箋表也識也玄以毛學審備遵暢厥旨所以表明毛意記識其事故稱為箋云萇趙人以詩授同國貫長卿長卿授解延年延年為阿武令授徐敖敖授九江陳俠及王璜俠為講學大夫繇是毛詩有徐敖之學

賈徽扶風平陵人學毛詩於謝曼卿又從劉歆受左氏

春秋兼習國語周官又從塗惲受古文尚書徽精四經
又作左氏條例二十一篇子逵悉傳之元和間帝令逵
撰齊魯毛韓詩同異若干萬言
衛宏字敬仲東海人少與河南鄭興俱好古學初從杜
林受古文尚書又從九江謝曼卿受毛詩因作毛詩序
善得風雅之旨
浮丘伯齊人受業荀卿秦時為儒士楚元王交少與魯
申公穆生白生俱受詩於浮丘伯及秦楚書各别去高

后時浮丘伯在長安元王遣子郢客與申公俱卒業焉
後言魯詩者皆宗浮丘伯

申公名培魯人少治魯詩漢興高魯過魯申公以弟子從師入見於魯南宮漢六年封弟交為楚王王至楚以申公為中大夫文帝時聞申公為詩最精以為博士及楚元王薨郢客嗣立申公失博士隨郢客歸復以為中大夫令傅太子戊戊不好學及嗣立胥靡申公申公愧之歸魯家居教授終身不出獨王命召乃往弟子自遠

方至者千餘人申公以詩為訓無傳疑疑者則闕王臧趙綰武帝時欲建明堂不能成二人乃申師申公於是帝使使束帛加璧安車以蒲裹輪駕駟迎申公既至帝問治亂之事申公對曰為治者不扗多言顧力行何如耳是時帝方好文辭見申公對默然然已招至即以為大中大夫舍魯邸議明堂事明堂廢申公以病免歸申公弟子七十餘人孔安國自有傳周霸膠西內史夏寬城陽內史碭魯賜東海太守蘭陵繆生長沙內史徐偃

膠西中尉鄒人闞門慶忌膠東內史

劉交字游高祖同父弟好書多才藝少受詩於浮丘伯從高祖入蜀漢還定三秦漢六年封交於楚是為元王元王好詩諸子皆讀詩申公始為魯詩傳號魯詩元王亦次之詩傳號曰元王詩世或有之子郢客亦傳詩穆生魯人白生奄里人狂秦時俱習詩漢初元王封於楚以申公及穆生白生為中大夫初元王與三人同師故敬禮焉穆生不嗜酒元王每置酒常為設醴及王戊

即位常設後忘設焉穆生退曰可以逝矣醴酒不設王之意怠不去楚人將鉗我於市稱疾卧申公白生强起之曰獨不念先王之德與今王一旦失小禮何足至此穆生曰先王之所以禮吾三人者為道存故也今而忽之是忘道也忘道之人胡可與久處豈為區區之禮哉遂謝病去申公白生獨留王戊淫暴後與吳通謀申公諫不聽胥靡之

瑕丘江公受詩申公武帝時為愽士其治官民皆以廉

節稱其爲學弟子至大夫郎掌故者以百數言詩雖殊多本於申公瑕丘江公盡傳師說與魯許生免中徐公皆守學教授瑕丘傳孫博士江公徒衆甚盛爲魯詩宗又善春秋語扛劉向傳

王臧蘭陵人趙綰代人俱受詩於申公臧事景帝爲太子少傅免去武帝初即位臧乃上書備宿衛一歲累遷至郎中令綰爲御史大夫二人請立明堂以朝諸侯不能就其事乃言申公上使使迎申公會竇太后不悦儒

術得臧綰之過以讓上曰此復為新垣平也上因廢明堂下臧綰吏皆自殺

王式字翁思東平新桃人事免中徐公及許生為昌邑王師及昌邑嗣立以行淫亂廢昌邑羣臣皆下獄誅惟中尉王吉郎中令龔遂以數諫免治獄使者責問師何亡諫式對曰臣以詩三百篇朝夕授王至忠臣孝子之篇未嘗不為王反覆誦之也至於危亡失道之君未嘗不流涕為王深陳之也臣以三百篇為訓是以亡諫書

使者以聞亦得減死論歸家不敎授山陽張長安先事

式後東平唐長賓沛褚少孫亦來事式唐生褚生應博

士弟子選摳衣登堂頌禮甚嚴試誦說有法疑者邱蓋

不言諸博士驚問何師對曰事式亦皆素聞式賢共薦

式詔除博士江公嫉式遂謝病歸終於家張生唐生褚

生皆為博士張生自有傳唐生楚太傅縣是魯詩有張

唐褚氏之學

唐賢字長孺魯國鄒人受詩瑕邱江公徵為博士稍遷

給事中授昭帝帝崩大將軍光與公卿共立宣帝賢亦與謀議賜爵關内侯徙為長信少府以先帝師甚見尊重本始三年為丞相以老病罷子玄成

玄成字少翁傳家學以父任為郎擢為諫大夫累遷淮陽中尉受詔與五經諸儒雜論同異於石渠閣條奏其對以玄成為少府御史大夫永光中為丞相兄子賞亦明詩授哀帝官至大司馬車騎將軍繇是魯詩有韋氏之學

卓茂字子康南陽宛人學於長安受詩於博士江公平帝時以儒術舉為郎給事黄門遷密令數年教化大行蝗不入境及王莽居攝以病免光武即位徵茂為太傅封襃德侯賜長子戎為大中大夫

薛廣德字長卿沛郡相人受詩王式教授楚國龔勝龔舍師事焉蕭望之為御史大夫除廣德為屬數與論議器之薦廣德經行宜為博士論石渠遷諫大夫長信少府御史大夫廣德為人温雅有蘊藉及為三公直言諫

諍帝雖聽不恱其年以嵗惡民流乞骸骨賜安車駟馬黄金免歸沛以為榮懸其安車傳子孫

張長安字幼君山陽人治魯詩薦為博士論石渠至淮陽中尉長安兄子游卿為諫大夫以詩授元帝其門人琅邪王扶為泗水中尉陳留許晏為博士繇是張家有許氏之學

龔舍字君倩楚人與兄勝相友並著名節故謂之楚兩龔皆好學明經勝為郡吏舍不仕久之楚王入朝聞舍

高名聘為常侍舍不得已隨王歸國懇辭願卒學復至長安徵授諫大夫博士俱不就哀帝時拜舍為太山太守既至乞骸骨天子徙為光禄大夫舍終不起乃遣歸舍通五經以魯詩教授郡二千石長吏初到官皆至其家如師弟子之禮年六十八卒勝自有傳

李業字巨游廣漢梓潼人少習魯詩師博士許晃元始中舉明經除為郎會王莽居攝以病去官及公孫述僭號徵以博士業固辭述乃使大鴻臚尹融持毒酒以劫

業若起授以公侯之位不起賜之以藥融致其意業不從遂飲毒而死蜀平光武詔表其閭

魏應字君伯任城人建武初詣博士受業習魯詩除濟王文學以疾免建初四年拜五官中郎將詔授千乘王伉肅宗甚重之時會諸儒於白虎觀講論五經同異帝親臨稱制如石渠故事應以經明行修弟子至者數千人

包咸字子良會稽曲阿人少為諸生受業長安師事博

士右師細君習魯詩王莽末往東海上立精舍講授光武即位乃歸鄉里太守黃讜欲名咸授其子咸辭不往讜遂遣子師之建武中舉孝廉除郎中入授皇太子屢遷大鴻臚每進見錫以几杖入屏不趨贊事不名經傳有疑輒遣小黃門就舍問之顯宗以咸有師傅恩賞賜珍玩束帛奉禄增於諸卿年七十二卒

高詡字季回平原般人曾祖嘉以魯詩授元帝仕至上谷太守父容少傳嘉學哀平間為光禄大夫詡以父任

為郎世傳魯詩以信行清操知名不仕莽世光武即位
大司空宋弘薦詡徵為郎除符離長復為博士拜朝以
方正稱官至大司農
轅固齊人以治詩孝景時為博士居官廉直拜清河王
太傅疾免武帝即位復以賢良徵諸儒多嫉毀謂固老
罷歸時已九十餘矣公孫弘亦徵仄目而事固固曰公
孫子務正學以言勿曲學以阿世諸齊以詩顯貴皆固
之弟子也弟子知名者昌邑太傅夏侯始昌始昌授后

蒼蒼授匡衡翼奉蕭望之衡授琅邪師丹伏理滿昌昌
為詹事理自有傳丹大司空繇是齊詩有翼匡師伏之
學滿昌授九江張邯琅邪皮容皆至大官徒衆尤盛
翼奉字少君東海下邳人治齊詩與蕭望之匡衡同師
三人經術皆明衡為後進望之施之政事而奉惇學不
仕元帝時諸儒薦徵待詔宦者署數言事燕見天子敬
焉後拜中郎為博士諫大夫年老以壽終子及孫皆以
學為儒官

蕭望之字長倩東海蘭陵人治齊詩既事同縣后蒼且十年以令詣太常受業復事同學博士白奇三歲以射策甲科為郎宣帝時望之屢上疏言事多見采納及帝寢疾以望之為前將軍受遺詔輔政領尚書事元帝即位益見尊重為弘恭石顯所搆陷自殺

匡衡字稚圭東海承人好學家貧傭作以供資用尤精力過人諸儒為之語曰無說詩匡鼎來匡說詩解人頤衡射策甲第以不應令除為太常掌故調補平原文學

學者多上書薦衡經明當世少雙不宜在遠方事下蕭望之等問衡對深美宣帝不甚用儒遣衡歸官而皇太子見衡對私善之及元帝即位以為郎中遷博士給事中會日蝕地震衡上疏陳政治得失帝悅其言遷為光祿大夫太子少傅居數年拜御史大夫代韋玄成為丞相封樂安侯後坐事免為庶人終於家子咸亦明經歷位九卿家世多為博士者

伏理字君游琅邪東武人受詩於匡衡為當世名儒授

成帝爲高密太傅子湛性孝友少傳父業教授數百人
成帝時以父任爲博士弟子五遷爲繡衣執法更始立
以爲平原太守時倉卒兵起天下驚擾而湛獨晏然教
授不廢光武即位徵拜尚書典定舊制建武三年代鄧
禹爲大司徒封陽都侯是時賊徐異卿等萬餘人據富
平連攻不下惟云願降司徒伏公帝知湛爲青徐所信
向遣到平原異卿等即日歸降湛雖造次必於文德以
爲禮樂政化之首顛沛猶不可違其冬車駕征張步留

湛居守時烝祭高廟而河南尹司隸校尉於廟中爭論湛不舉坐策免六年徙不其侯邑三千六百户遣就國十三年徵湛策尚書擇拜吏日未及就位因讌見中暑病卒曾孫晨謙敬博愛好學尤篤尚高平公主奉朝請位特進玄孫無忌亦傳家學博物多識為侍中屯騎校尉永和元年詔無忌與議郎黄景校定五經又撰漢紀無忌卒子質嗣官至司農質卒子完嗣尚桓帝女陽安長公主女為孝獻皇后曹操殺后誅伏氏國除自伏生

已後世傳經學清靜無競故東州號為伏不鬬云

師丹字仲公琅邪東武人治詩事匡衡舉孝廉為郎元帝末為博士免建始中復為博士出為東平王太傅丞相翟方進御史大夫孔光舉丹議論深博廉正守道徵入為光禄大夫丞相司直數月復以光禄大夫給事中繇是為少府光禄勳侍中甚見尊重成帝末立定陶王為皇太子以丹為太子太傅哀帝即位領尚書事封高樂侯月餘徙為大司空及上追尊定陶王為共皇帝尊

傳太后為共皇太后丁后為共皇后又郎中令泠褒等
復奏立廟京師上下其議有司皆以為宜丹議不可由
是不合上意會有上書言古者以龜貝為貨今以錢易
之民以故貧宜可改幣丹使吏上議吏私寫其草丁傅
子弟聞之使人告丹上封事漏泄下廷尉治廷尉劾丹
大不敬給事中申咸炔欽上書言丹經行無比自近世
大臣能若丹少發憤懣奏封事不及深思遠慮過不狂
丹以此貶黜恐不能厭衆心竟坐策免廢歸鄉里數年

平帝即位徵丹詣公車賜爵關內侯加以厚丘之中鄉
戶二千一百徙封義陽侯月餘薨謚曰節侯
伏黯字稚文理之子以明齊詩改定章句作解說九篇
位至光禄勲無子以兄子恭為後恭少傳黯學太常試
經第一拜博士遷常山太守敦修學校教授不輟繇是
北州多伏氏之學永平四年拜司空以病罷初父黯章
句繁多恭乃省減浮辭定為二十萬言肅宗行饗禮以
恭為三老年九十終子壽官至東郡太守

韓嬰燕人孝文時為博士景帝時至常山太傅推詩人之意作内外傳數萬言其語頗與齊魯間殊然歸一也淮南賁生受之燕趙間言詩者皆宗之嬰又以易授人推易之意而為之傳燕趙間好詩故其易微唯韓氏自傳之武帝時嬰嘗與董仲舒論於上前其人精悍處事分明仲舒不能難也後其孫商為博士孝宣時涿郡韓生亦其後也韓生以易徵待詔殿中曰所受易即先太傅所傳也嘗受韓詩不如韓氏易深太傅故專傳之

趙子河内人事燕韓生授同郡蔡誼誼授同郡食子公與王吉食生為博士授泰山栗豐吉授淄川長孫順順為博士豐部刺史繇是韓詩有王食長孫之學豐授山陽張就順授東海髮福皆貴顯徒衆尤盛

蔡誼河内人以明經給事大將軍幕府數歲補覆盎城門候久之詔求能為韓詩者徵誼待詔久不進見誼上疏曰臣山東草萊之人行能亡所比容貌不及衆然而不棄人倫者竊以聞道於先師自托於經術也帝召見

誼說詩甚悅擢為光禄大夫數歲拜少府遷御史大夫代楊敞為丞相封陽平侯年八十餘終謚節侯
王吉字子陽琅邪臯虞人少好學受韓詩於蔡誼又通令文尚書舉孝廉為昌邑王中尉昌邑好游獵動作亡節吉諫不聽後以病免復徵為博士諫大夫宣帝詩外戚許史王氏貴寵而帝躬親政事任用能吏吉復上書言得失帝以其言迂濶不甚寵異吉罷歸徵以老病道卒

薛漢字公子淮陽人世習韓詩父子以章句著名漢少傳父業教授常數百人建武初為博士當世言詩者推漢為長永平中為千乘太守政有異跡弟子會稽澹臺敬伯鉅鹿韓伯高最知名

杜撫字叔和犍為人少有高才受業博士薛漢定韓詩章句歸鄉里教授沈静樂道動必以禮後為東平王蒼所辟及蒼就國撫為大夫建初中為公車令所作詩題約義通學者傳之

趙曄字長君會稽山陰人少嘗為縣令奉檄迎督郵曄恥於廝役遂棄車馬去到犍為資中從杜撫授韓詩卒業乃歸州召補從事不就著詩細蔡邕至會稽讀而嘆息以為長於論衡邕還京師傳之學者咸誦習焉時山陽張匡字文通亦習韓詩作章句後舉有道博士徵不就

授經圖卷七

欽定四庫全書

授經圖卷八

明 朱睦㮮 撰

一字石經魯詩六卷今字石經毛詩三卷

蜀本石經毛詩二十卷

秦本石經毛詩二十卷

右石經

詩經故訓二十八卷魯齊韓三家

魯詩故訓二十五卷申公　韓詩故訓三十六卷韓嬰

毛詩故訓二十卷毛萇傳鄭玄箋

齊詩故訓二十卷后蒼　齊詩孫氏故二十七卷

廣川詩故四十卷董逌　毛詩故四卷李恕

詩故訓三卷錢文子　詩故訓十卷朱謀瑋

右故訓

齊詩章句九篇伏黯　韓詩章句二十二卷薛漢

韓詩章句二十卷張匡

右章句

詩傳一卷 端木賜　齊孫氏傳二十八卷 漢藝文志

韓詩内傳四卷 韓嬰　韓詩外傳十卷 韓嬰

詩傳十卷 毛萇　詩傳三十九卷 后蒼

潁濱詩傳二十卷 蘇轍　毛詩詁訓傳二十卷 晁公武

夾際詩傳二十卷 鄭樵　詩傳六十卷 鮮于侁

詩傳十卷 李常　詩傳二十卷 沈銖

楊氏詩傳二十卷 楊簡　白石詩傳十卷 錢文子

詩補傳三十卷范處義　逸齋補傳十二卷經籍志

詩傳旁通八卷瞿思忠　詩傳旁通十五卷梁益

詩傳旁通二十四卷黃佐　四詩表傳一卷楊慎

陸詩別傳十二卷陸奎章

右傳

韓詩卜商序注二十二卷韓嬰

毛詩注二十卷王肅　毛詩注二十卷江熙

毛詩傳注二十卷業遵　毛詩注二十卷王元度

毛詩義注五卷崔靈恩　毛詩旁注八卷朱升

詩解一卷范祖禹　詩解二十卷黃櫄

詩解二十卷項安世　毛詩詳解三十六卷李樗

毛詩新解二卷程頤門人記　陳氏詩解二十卷陳鵬飛

詩解二十卷李少南　毛詩原解三十六卷郝敬

詩頌解三卷鮮于侁

右注

毛詩集注二十四卷崔靈恩

毛詩總集六卷 何偁 周詩集解二十卷 丘鑄

詩集傳二十卷 朱熹 詩緝三十六卷 嚴粲

叢桂毛詩集解三十卷 段武昌

毛詩集解四十二卷 李樗 詩集解一卷 曾有開

毛詩集解十二卷 李迂仲 毛詩會解一百卷 林岊

詩集說十卷 毛漸 詩傳通釋二十卷 劉瑾

詩錢氏集傳十二卷 文淵閣書目

詩傳大全二十卷 胡廣等 詩義集說四卷 孫鼎

魯詩世學三十六卷豐坊　十五國風洛解一卷吴景山

右集注

毛詩雜義十卷賈逵　毛詩義四卷劉璠

毛詩釋義十卷謝沈　毛詩釋一卷何偃

毛詩異義二卷楊乂　毛詩篇次義一卷劉瓛

毛詩隱義十卷何稱　毛詩義二十卷全緩

毛詩誼府三卷元延明　毛詩撿漏義二卷謝曇濟

毛詩大義十一卷梁武帝　毛詩大義三卷蘇子才

毛詩述義四十卷 劉炫 毛詩纂義十卷 許叔牙

毛詩義疏十卷 殷仲堪 毛詩義疏五卷 張氏

毛詩義疏二十八卷 沈重 毛詩義疏二十卷 舒援

毛詩章句義疏四十卷 魯世達

毛詩正義四十卷 孔穎達 毛詩通義二十卷 宋藝文志

毛詩小疏二十卷 張訢 毛詩本義十六卷 歐陽修

詩本義補遺二卷 吳氏 毛詩意疏三卷 宋藝文志

詩疏要義一卷 宋藝文志 毛詩釋篇目疏十卷 宋藝文志

新經詩義二十卷王安石　毛詩折衷義二十卷劉宇

詩外義二卷宋咸　毛詩義方二十卷林洪範

詩義三卷趙仲銳　周詩義二十卷茅知至

毛詩解義三十卷鄭諤　詩義二十卷彭汝礪

詩要義二十卷魏了翁　毛詩演義八卷梁寅

詩講義十卷喬執中　詩講義二十卷趙令滑

詩講義五卷林岊　詩講義三卷黃邦彥

詩經集傳纂疏八卷胡一桂

毛詩疏義二十卷（朱公遷）

詩經世本古義二十八卷（何楷）

右義疏

毛詩義問十卷（劉楨）　毛詩雜答問五卷（韋昭朱育等）

毛詩義駁八卷（王肅）　毛詩問難二卷（王肅）

毛詩駁五卷（王基）　毛詩異同評十卷（孫毓）

難孫氏毛詩評四卷（陳統）　毛詩辨異三卷（楊乂）

毛詩辨義難十卷（唐藝文志）　毛詩釋疑一卷（通志略）

毛詩引辨一卷 孫暢之　毛詩餘辨四卷 通志畧

詩經疑問六卷 朱倬　諸儒疑問二卷 經籍志

毛詩辨疑一卷 楊時　詩辨疑十卷 趙德

詩疑大鳴録一卷 曾堅　詩傳辨妄二十六卷 鄭樵

詩傳辨誤八卷 周式　詩童子問二十卷 輔廣

詩辨説二卷 王柏　詩釐正二十卷 湛若水

詩考五卷 許洞　詩考五卷 王應麟

詩考四卷 梁寅　詩地里考六卷 范處義

詩地里考五卷王應麟　詩地里考五卷許洞

右問辨

齊說二十八卷漢蓺文志　齊雜記十八卷漢蓺文志

韓說四十一卷漢蓺文志　韓詩翼要十卷侯苞

申公詩說一卷申培　毛詩雜義說八卷王肅

毛詩奏事一卷王肅　毛詩解題二十卷張邵

毛詩別錄一卷張邵　詩表隱二卷陳統

毛詩略四卷郭璞　毛詩拾遺一卷郭璞

毛詩箋傳是非二卷劉璠 毛詩正論十卷劉孝孫

毛詩斷章二卷成伯璵 毛詩指說統論一卷成伯璵

毛詩正數二十卷張訢 毛詩判篇一卷劉泉

毛詩玄談一卷宋藝文志 毛詩提綱一卷宋藝文志

毛鄭詩學十卷宋藝文志 比興窮源一卷宋藝文志

毛詩演聖通篇二十卷胡旦

毛詩闕言二十三卷黄君俞

詩總聞二十卷王質 毛詩前說一卷項安世

讀詩備忘二十四卷李簡 詩可言二十卷王柏

詩正紀三卷宋咸 別集正義一卷經籍志

詩解統論一卷黄穮 詩論一卷程大昌

詩學一卷范處義

吕氏家塾讀詩紀三十二卷吕祖謙

續讀書記三卷戴溪 誦詩訓五卷許洞

解頤新語十四卷范處義 詩經解頤四卷朱善

詩說解頤三十卷季本 詩說三十卷張貴謨

詩說三十卷 周堯卿

詩說二十卷 孔武仲

詩說一卷 張載

詩說三十卷 黄度

毛詩說三卷 許奕

詩說一卷 輔廣

詩說一卷 高端叔

詩說三十卷 曹粹中

放齋詩說十卷 經籍志

詩重文說七卷 吳良輔

詩傳遺說六卷 朱鑑

方山詩說八卷 薛應旂

儼山詩微二卷 陸深

詩臆二卷 馮時可

詩二南義二卷 游酢

詩關雎義解一卷 宋藝文志

詩解頤總論二卷季本

右論說

詩大序一卷卜商　毛詩序注一卷阮珍之

毛詩序義七卷孫暢之　毛詩發題序義一卷梁武帝

毛詩集解序義一卷顧歡　毛詩序注一卷陶弘景

毛詩序義疏一卷劉瓛　毛詩序義二卷雷次宗

毛詩集小序注一卷劉炫　詩統解序一卷宋莊文志

詩序辨一卷朱熹　毛詩序義索隱二卷王商範

毛詩序說二卷呂柟　詩序解頤二卷邵弁

毛詩序說八卷郝敬

右序解

毛詩譜三卷鄭玄　毛詩譜三卷徐整

毛詩譜二卷劉炫　詩譜三卷李壽

謝氏毛詩譜鈔一卷隋蓺文志

補注毛詩譜一卷歐陽修　韓詩譜二卷趙曄

右譜

草木鳥獸蟲魚疏二卷陸璣

草木鳥獸蟲魚廣疏六卷王廣麟

毛詩名物解二十卷蔡卞

毛詩名物性門類八卷宋萠文志

詩集傳名物鈔八卷許謙

詩名物疏五十五卷馮復京

多識篇七卷林兆珂

右名物

毛詩圖三卷蕭偉

毛詩孔子圖經十二卷蕭偉

毛詩古賢聖圖二卷蕭偉

毛詩草木蟲魚圖二十卷隋藝文志

小戎圖二卷通志略　詩纂圖四冊文淵閣書目

詩圖說三卷文淵閣書目

右圖

毛詩諸家音十五卷鄭玄　毛詩音十六卷徐邈等

毛詩箋音証十卷劉芳　毛詩音二卷徐邈

毛詩注音八卷魯世達　毛詩釋文三卷陸德明

毛詩釋文二十卷宋藝文志 詩古音辨二卷鄭庠

毛詩叶韻補音十卷吳棫

詩集傳音義會通三十卷汪克寬

詩集傳音釋二十卷羅復 毛詩音訓四卷李恕

詩解頤字說八卷季本 毛詩古音考四卷陳第

右音

詩緯注三卷鄭玄 詩緯注十八卷宋均

右緯

欽定四庫全書

授經圖卷九

明 朱睦㮮 撰

書

孔延年及子霸漢書雖未載受書安國孔僖本傳稱安國以下世受古文尚書以此延年輩俱附安國之派舊圖不分古文今文按漢書及雜志所載古文首孔安國今文首伏生以見二派各有傳也

舊圖有歐陽世按本傳兒寛傳歐陽生子世世相傳至
曾孫高始為博士世非名也故不載
杜林蓋豫習古文俱無師傳自相授受今各立一傳以
明非安國之派也
舊圖牟長授書張堪及攷堪傳止言受學長安無請業
牟長事張奐傳註又稱牟卿受書周堪以此知舊圖多
誤今從傳註改正
舊圖楊仲續受龔勝尚書傳春卿卿傳統統傳厚按漢

書楊厚祖父三世善圖讖學又從鄭山伯受河洛書并天文推步之術無仲績傳經事而益都耆舊傳略著仲績傳夏侯書又不詳言從大小夏侯疑皆私淑非的派故不載

授經圖卷九

欽定四庫全書

授經圖卷十

明 朱睦㮮 撰

令文

- 伏生
  - 晁錯
    - 何比干
  - 張生
    - 夏侯都尉
      - 始昌
        - 勝
          - 周堪
            - 許商
              - 炔欽
              - 王吉
              - 吳章
                - 云敞
              - 唐林
            - 牟卿
          - 建
            - 張山拊
              - 秦恭
                - 馮賓
              - 鄭寬中
                - 趙玄
              - 張無故
                - 唐尊
              - 李尋
              - 假倉
          - 孔霸
          - 黃霸
  - 歐陽生
    - 宋登
    - 兒寬
      - 歐陽子
        - 高
          - 地餘
            - 政
              - 歙
                - 禮震
                - 高獲
                - 曹曾
                  - 祉

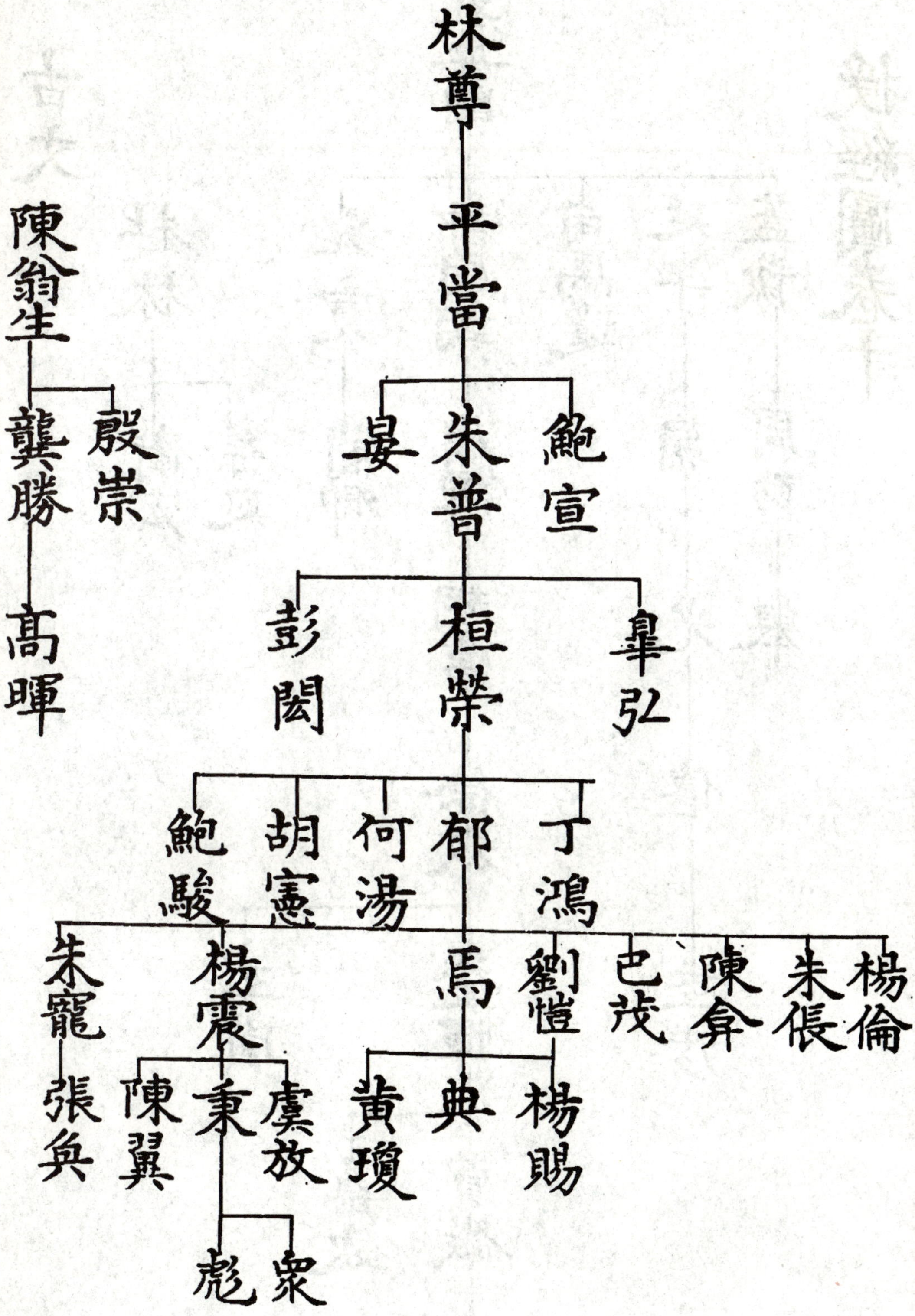
林尊
平當
晏
朱普
鮑宣
彭閎
桓榮
臯弘
鮑駿
胡憲
何湯
郁
丁鴻
朱寵
楊震
焉
劉愷
巴茂
陳弇
朱倀
楊倫
張奐
陳翼
秉
虞放
黃瓊
典
楊賜
彪
衆
陳翁生
龔勝
殷崇
高暉

古文

- 杜林
  - 衛宏
  - 徐巡
- 孔安國
  - 兒寬
    - 簡卿
  - 都尉朝
    - 庸譚
      - 胡常
        - 徐敖
          - 王璜
          - 塗惲
            - 桑欽
            - 賈徽
              - 逵
  - 司馬遷
  - 延年
    - 霸
      - 光
        - 僖
          - 季彦
  - 蓋豫
    - 周防
      - 舉

授經圖卷十

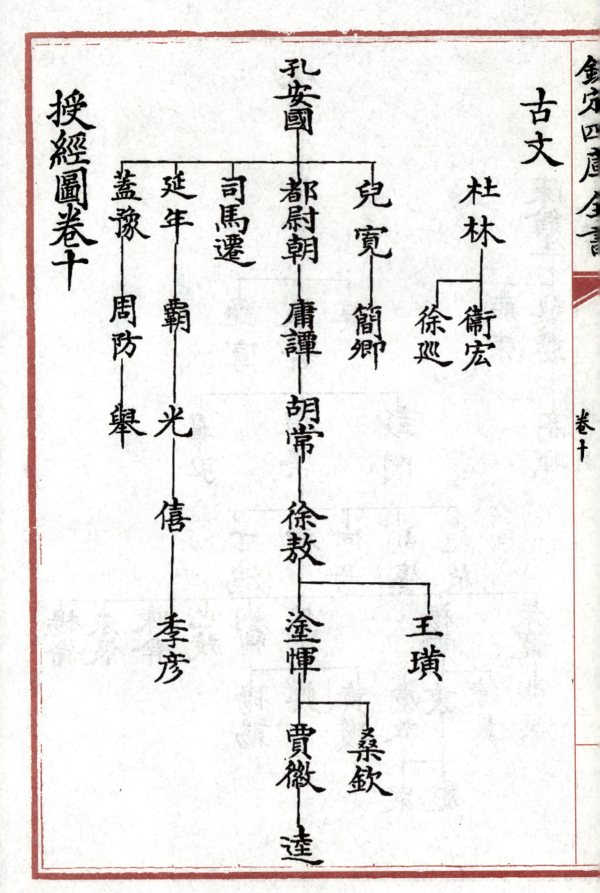

欽定四庫全書

授經圖卷十一

明　朱睦㮮　撰

伏生名勝字子賤濟南人故為秦博士孝文時欲求能治尚書者天下亾有乃聞伏生能治欲名之時伏生年九十餘老不能行於是乃詔太常使掌故晁錯往受之當秦時禁書伏生壁藏之其後兵大起流亾漢定伏生求其書亾數十篇獨得二十九篇即以敎於齊魯之間

繇是學者頗能言尚書山東大儒無涉尚書以教矣伏生授濟南張生及歐陽生張生為博士而伏生孫以尚書徵弗能明也自此魯之周霸雒陽賈嘉皆能言尚書云

張生魯人授夏侯都尉都尉授族子始昌始昌授族子勝為大夏侯氏學勝傳從兄子建建又事歐陽高仕至太子太傅為小夏侯氏學三家皆立博士

鼂錯潁川人以文學為太常掌故文帝即位初遣鼂錯

受尚書伏生所還因上書稱說帝悅詔錯為太子舍人門大夫尋遷博士景帝時言事輒聽累遷至御史大夫

歐陽生字和伯千乘人以尚書授兒寬寬有俊才初見武帝語經學上曰吾始以尚書為樸學弗好及聞寬說可觀乃從寬問一篇歐陽大小夏侯氏學皆出於寬寬授歐陽生子世世相傳至曾孫高子陽為博士高孫地餘長賓以太子中庶子授太子後為博士論石渠元帝即位地餘侍中貴幸至少府戒其子曰我死後官屬即

送汝財物慎毋受汝九卿儒者子孫以廉潔可以自成
及地餘死少府曹屬共送數百萬其子不受天子聞而
嘉之賜錢百萬地餘少子政為講學大夫繇是尚書世
有歐陽氏學
何比干字少卿汝陰人學尚書於鼂錯武帝時為廷尉
正與張湯同時湯持法深而比干務仁恕數與湯爭雖
不能盡得然所濟活者以千數後遷丹陽都尉本始元
年自汝陰徙居平陵代為名族

宋登字叔陽京兆長安人少傳歐陽尚書教授數千人為汝陰令入為尚書僕射順帝以登明識禮樂使持節臨太學奏定典律轉拜侍中數上封事抑退權倖繇是出為潁川太守市無二價道不拾遺以病免

夏侯始昌魯人以尚書教授自董仲舒韓嬰死後武帝得始昌甚重之始昌明於陰陽先言栢梁臺災日至期果災時昌邑王以少子愛之帝選為師者始昌為昌邑太傅以壽終族子勝

勝字長公少孤好學從始昌受尚書及洪範五行傳徵為博士會昭帝崩昌邑王嗣立數出勝當乘輿前諫曰天久陰而不雨臣下有謀上者陛下出欲何之是時霍光與張安世謀欲廢昌邑迺召問勝勝對言在洪範傳曰皇之不極厥罰常陰時則下有伐上者光安世大驚以此益重經術之士及宣帝立勝遷長信少府賜爵關內侯坐事下獄語在黃霸傳後赦出勝為諫大夫給事中朝廷每有大議帝知勝素直謂曰先生通正言無懲

前事勝復為長信少府遷太子太傅年九十終

周堪字少卿齊人事夏侯勝為譯官令論於石渠經學最高後為太子少傅光禄大夫為石顯所譖免官堪授牟卿及長安許商長伯牟卿為博士商善為算著五行論歷至九卿號其門人沛唐林子高為德行平陵吳章偉君為言語重泉王吉少音為政事齊炔欽幼卿為文學

黄霸字次公淮陽陽夏人霸少學律令喜為吏累遷為

河南太守丞宣帝即位聞霸持法平台以為廷尉正數
決疑獄守丞相長史坐夏侯勝非議詔書霸不舉劾下
獄霸因從勝受尚書獄中積三歲乃出擢霸為揚州刺
史遷頴川太守治行為天下第一徵守京兆尹代丙吉
為丞相封建武侯
張山拊字長賔平陵人事小夏侯建受尚書為博士至
少府授同縣李尋子長鄭寛中少君山陽張無故子孺
信都秦恭延君陳留假倉子驕無故善修章句為廣陵

太傅守小夏侯說文恭增師法至百萬言為城陽内史倉
以謁者論石渠至膠東相尋善說災異為騎都尉寛中
有儁才以博士授太子成帝即位賜爵關内侯食邑八
百户遷光禄大夫領尚書事繇是小夏侯有鄭張秦假
李氏之學寛中授東郡趙玄無故授沛縣唐尊恭授魯
馮賓賓為博士尊至太傅玄御史大夫
歐陽歙字正思樂安千乘人自歐陽生傳伏生尚書至
歙八世皆為博士歙既傳業而恭謙好禮讓更始立為

原武令世祖平河北到原武見歙在縣修政遷河南都尉世祖即位封被陽侯建武九年更封夜侯歙在郡教授數百人視事九歲徵為大司徒坐事下獄諸生守闕為歙求哀者千餘人歙竟死獄中

李尋字子長平陵人治尚書事丞相翟方進除為吏及王根為大司馬厚遇尋是時多災異根數虛己問尋尋見漢家有中衰阨會之象乃説根宜急求幽隱拔擢天士諸闒茸佞諂以時廢退政治感陰陽猶鐵炭之低卬

見效可信者也根乃薦尋哀帝名尋待詔黃門數上書
抑外親舉有德帝雖不從然采其語每有非常輒問尋
尋對屢中遷黃門侍郎建平時坐事徙敦煌郡
云敞字幼孺平陵人師事同縣吳章章治尚書為博士平
帝即位莽秉政以平帝為成帝後不得顧私親帝母
及外家衛氏不許至京師莽長子宇懼帝長見怨與吳
章謀夜以血塗莽第門冀懼莽章欲因對其咎事覺莽
誅宇并滅衛氏章坐腰斬時敞為大司徒掾自劾為吳

章弟子收抱章尸歸塟京師稱焉比之欒布後薦為諫
大夫
曹曽字伯山濟陰人從歐陽歙受尚書門徒三千人位
至諫議大夫子祉傳父業至河南尹
高獲字敬公汝南新息人少與光武有素舊師事歐陽
歙歙下獄當斷獲鐵冠帶鈇鑕詣闕請歙帝雖不許謂
曰敬公朕欲用子為吏宜改常性獲對曰臣受性於父
母不可改之於陛下出便辭去三公爭辟不應郡守毎

行縣輒式其閭獲遂遠遁江南卒於石城人思之共為
立祠
禮震字仲威平原人年十七聞師歐陽歙坐事下獄當
斷馳之京師行到河南獲嘉縣自繫上書求代書奏歙
已死獄中光武嘉其高義拜震為郎中後以公事左遷
淮陽王廄長
林尊字長賓濟南人治尚書事歐陽高為博士後至少
府太子太傅授平陵平當梁陳翁生當至丞相翁生信

都太傅家世傳業繇是歐陽有平陳之學翁生授琅邪
殷崇楚國龔勝崇爲博士勝右扶風而平當授朱普鮑
宣普爲博士宣司隷校尉徒衆尤盛
平當字子思平陵人以明經爲博士每有災異當輒傅
經義言得失文雅雖不及蕭望之匡衡然指意畧同哀
帝時累遷御史大夫至丞相賜爵關内侯子晏以明經
歷位大司徒封防鄉侯漢興唯韋平父子至宰相
鮑宣字子都渤海高城人受尚書於平當舉孝廉爲郎

病去官哀帝初大司空何武復薦宣為諫大夫每言事語極切直帝以宣名儒優容之會地震宣復諫帝納其言拜宣為司隷坐忤丞相孔光下廷尉獄太學諸生救宣者千餘人遮丞相車不得行又守闕上書帝減宣罪徙之上黨王莽秉政宣及何武等以不附己俱誅

龔勝字君賓楚人受書陳翁生三舉孝廉哀帝時徵為諫大夫數上書言事二歲餘遷丞相司直徙光祿大夫出為渤海太守勝謝病歸王莽篡國拜勝為講學祭酒

勝稱疾不應徵後二年莽復遣使者奉璽書以太子師友祭酒印綬安車駟馬迎勝勝累辭使者不聽勝謂弟子髙暉等吾受漢家厚恩無以報今年老矣誼豈以一身事二姓哉語畢遂不復開口飲食積十四日死時年七十九矣

桓榮字春卿沛郡龍亢人習歐陽尚書事博士九江朱普貧窶無資常客傭以自給精力不倦十五年不窺家園王莽篡國榮抱經書逃匿山谷建武十九年始辟大

司徒府名拜議郎使授太子會歐陽博士缺帝欲用榮榮讓同門生郎中彭閎揚州從事臯弘因拜榮為博士引閎弘為議郎榮又薦門下生九江胡憲侍講二十八年拜榮太子少傅賜以輜車乘馬榮謂諸生曰今日所蒙稽古之力也顯宗即位尊以師禮甚見親重永平二年三雍初成拜榮為五更榮每疾病帝幸其家問起居入街下車撫榮垂涕良久乃去自是諸侯將軍大夫問疾者不敢復乘車到門皆拜牀下榮卒帝親自變服臨

喪送塋賜冢塋於首陽之下子郁
郁字仲恩敦厚篤學傳父業以尚書教授門徒常數百
人榮卒郁當襲爵上書讓於兄子汎顯宗不許不得已
受封帝以郁先師子有禮讓甚見親厚常居禁中論經
書問政事稍遷侍中和帝即位以郁及宗正劉方並入
教授歷遷侍中奉車都尉永元初代丁鴻為太常門人
楊震朱寵皆至三公
丁鴻字孝公潁川定陵人年十三從桓榮受歐陽尚書

三年而明章句善論難為都講父綝卒鴻當襲爵上書讓與弟盛不報鴻遂逃去初九江鮑駿與鴻同事桓榮及鴻亾封與駿遇於東海陽狂不識駿駿乃止而讓之鴻感悟遂還就國累遷侍中建初四年肅宗詔鴻與諸儒論定五經同異於白虎觀帝親稱制臨決時人歎曰殿中無雙丁孝公擢從校書門下繇是益盛彭城劉愷北海巴茂九江朱倀陳留陳弇皆至公卿

何湯字仲弓豫章南昌人事沛郡桓榮以才明知名榮

年四十無子湯乃去榮妻爲更娶生三子榮甚重之後
拜郎中以明經授太子建武中守開陽門候世祖徽行
夜還湯閉門不納更從中東門入明旦召詰大官賜食
諸門候皆奪俸

桓焉字叔元少以父任爲郎明經篤行永初元年入授
安帝三遷爲侍中步兵校尉永寧中順帝爲皇太子以
焉爲太子少傅月餘遷太傅踰年廢皇太子爲濟陰王
焉諫不能得順帝即位與太尉朱寵並錄尚書事以焉

前議守正封陽平侯固讓不受遷太尉弟子傳業者數百人黄瓊楊賜最為顯貴

楊震字伯起弘農華陰人少好學受歐陽尚書於太常桓郁明經博覽無不窮究諸儒為之語曰關西孔子楊伯起年五十始舉茂才四遷荆州刺史延光二年代劉愷為太尉累上疏言事樊豐等懼遂譖震怨懟帝夜遣使者取震印綬於是柴門謝賔客豐等復請大將軍耿寶不服罪詔遣還本郡震以為姦臣狡猾不能誅嬖女

傾亂不能禁何面目復見日月乎遂飲酖而卒順帝即
位誅樊豐等震門生虞放陳翼詣闕追訟震事詔改葬
華陰令太守丞以中牢具祠

劉愷字伯豫宣帝玄孫居巢侯般之子少受尚書於丁
鴻愷當襲爵讓與弟憲逃遁避封久之有司奏請絶愷
國肅宗美其義特優假之乃徵拜為郎愷入朝在位者
莫不仰其風行元初二年代夏勤為司徒以病免詔以
千石祿歸養河南尹常以歲八月致羊酒無何復召拜

太尉視事二年乞骸骨久乃許之下河南尹禮秩如前
楊倫字仲理陳留東昏人少為諸生受尚書於司徒丁
鴻為郡文學掾志乖於時遂去職講授於大澤中弟子
至千餘人安帝時為清河王傅坐上書切直免歸陽嘉
中前後三徵俱不應
楊秉字叔節震中子少傳業隱居教授年四十乃應司
空辟拜侍御史桓帝即位以明尚書徵入勸解拜太中
大夫左中郎將遷侍中尚書以言事忤旨免官歸久之

復拜太常代劉矩為太尉秉性不飲酒又早喪夫人遂不復娶所在以淳白稱嘗從容言曰我有三不惑酒色財也年七十四薨子賜

賜字伯獻少傳家學篤志博聞又事桓焉教授門徒不荅州郡禮命建寧初靈帝當受學詔太傅三公選通尚書桓君章句宿有重名者三公舉賜乃侍講於華光殿中遷少府光禄勲為司徒熹平光和中以災異數上封事忤曹節等以病罷無何復罷太常累遷尚書令後遷

司空卒謚文烈

黄瓊字世英江夏安陸人師事桓焉受尚書五辟不應順帝時詔下縣以禮慰遣始至即拜議郎稍遷尚書僕射會連有災異瓊奏諫帝多納之元嘉中欲褒崇大將軍梁冀下特進胡廣等議廣等咸稱冀之勳德宜比周公錫之土田山川附庸瓊獨不從冀以為恨會地動策免及冀被誅以瓊不阿梁氏乃封邟鄉侯是時五侯擅權傾動中外瓊稱疾不起其年復為司空疾篤猶上䟽

諫語甚激切卒諡忠侯

桓典字公雅傳其家業以尚書教授潁川舉孝廉為郎是時宦官秉權典執政無所回避常乘驄馬京師為之語曰行行且止避驄馬御史獻帝即位三公奏典與何進謀誅閹官功雖不遂忠義炳著詔拜家一人為郎賜錢二十萬從西入關拜御史大夫賜爵關内侯仕至光禄勳

張奐字然明敦煌酒泉人少遊三輔師事太尉朱寵學

歐陽尚書舉賢良對策第一擢拜議郎延熹中拜武威太守平均徭賦率厲散敗常為諸郡最遷大司農上災異疏申雪竇武陳蕃而曹節等疾其言卒𡚁黨罪禁錮卒年七十八武威多為立祠世世不絶

楊衆賜從子傳先業以謁者僕射從獻帝入關累遷御史中丞及帝東還夜走度河衆率諸官屬步從至太原建安初追前功封務亭侯從弟彪

彪字文先以能家學徵拜議郎遷侍中京兆尹中平六

年為司空明年關東兵起董卓欲遷都關中彪不從坐
免及還洛陽復拜尚書令魏文受禪欲以彪為太尉先
遣吏示旨彪固辭乃賜几杖衣袍因朝會引見令彪著
布單衣鹿皮冠杖而入待以賓客之禮

孔安國字子國孔子十一世孫武帝時魯共王欲壞孔
子舊宅於壁中得古文虞夏商周之書乃不壞宅悉以
其書還孔氏書皆科斗文字時人無知者安國以今文
字讀之因以起其家為諫議大夫承詔作書傳傳成遭

巫蠱事遂不立學官安國出為臨淮太守安國授都尉朝司馬遷朝授膠東庸譚譚授清河胡常少子常授虢徐敖敖為右扶風掾授平陵塗惲子真子真授賈徽及河南桑欽徽授子逵自有傳

兒寬千乘人受業孔安國貧無資用常為弟子都養及時時閒行傭賃以給衣食行常帶經止息則誦習之以試次第補廷尉史寬為人溫良廉智而善著書書奏敏於文口不能道也張湯以為長者薦之天子天子見問

說之後至御史大夫寬授東平簡卿卿亦以儒術顯

司馬遷字子長龍門人年十歲則誦古文二十而南遊

江淮上會稽探禹穴窺九疑浮沅湘北涉汶泗講業齊

魯之都觀夫子遺風鄉射鄒嶧阸困蕃薛彭城過梁楚

以歸於是遷仕為郎中奉使西征巴蜀以南略邛筰昆

明還報命後三歲而遷為太史令紬石室金鐀之書述

陶唐以後至漢武止作史記凡百三十篇六十五百字

拾遺補藝成一家言嘗從孔安國問尚書故史記載堯

典禹貢洪範金縢諸篇多古文詞
孔延年安國兄武之子治尚書為武帝博士子霸字次
孺亦治尚書宣帝時為太中大夫以 選授皇太子經遷
詹事高密相元帝即位徵霸以師賜爵關內侯食邑八
百戶號褒成君給事中加賜黃金二百斤第一區徙名
數於長安霸為人謙退不好權勢帝數欲致相位霸力
辭以是尤重賞賜特厚卒策贈以列侯禮謚曰烈君子
光

光字子夏經學尤明舉為議郎成帝時為博士歷轉僕射尚書令周密謹慎凡典樞機十餘年有所薦舉惟恐人知哀帝初授丞相博山侯印綬以忤傅太后策免及后崩復徵光詣公車問日食事書奏帝悦拜光祿大夫秩中二千石給事中尋為丞相復故國博山侯年七十薨謚簡烈侯子僖

僖字仲和自安國以下世傳古文尚書僖遊太學與崔駰友嘗上書辨譏刺肅宗始亦無罪僖等意及書奏立

詔勿問拜僖蘭臺令史元和二年春帝東巡特過魯幸
闕里僖因召對帝悅遂拜郎中賜襃成侯僖從還京師
使校書東觀是年冬拜臨晉令崔駰以祖篆所為易林
筮之謂為不吉止僖曰子盍辭乎僖曰仕不擇官吉凶
由己而由卜乎在縣三年卒官子季彥
季彥守其家學門徒數百人延光元年河西雨雹大者
如斗安帝詔有道之士極陳變眚乃召季彥見於德陽
殿帝親問其故對曰此皆陰乘陽位當今貴臣擅權母

后黨盛陛下宜修聖德慮此二者左右皆惡之帝默然

後舉孝廉不就年四十七終於家

桑欽字君長河南人受古文尚書於塗惲成帝時又作

水經三卷所引天下之水百三十有七其源委吐納枝

頰條貫蓋本於禹貢云

杜林字伯山扶風茂陵人少好學沈深博洽光武徵拜

侍御史時東海衞宏濟南徐巡皆受林學林初於西州

得漆書古文尚書一卷常寶愛之雖遭艱困握持不離

身出以示宏等曰林流離兵亂常恐斯經將絶㝵意東
海衛子濟南徐生復能傳之是道竟不墜於地也古文
雖不合時務然願諸生無悔所學宏巡益重之於是古
文遂行宏字敬仲光武以為議郎作尚書訓旨
周防字偉公汝南汝陽人師事徐州刺史蓋豫受古文
尚書舉孝廉拜郎中撰尚書雜記三十二篇四十萬言
仕至陳留太守子舉
舉字宣光博學洽聞為儒者所宗故京師為之語曰五

經縱横周宣光延熹閒舉茂才為平丘令轉冀州刺史
陽嘉二年徵拜尚書數有論諫左右憚之以事免大將
軍表為從事中郎時連有災異台問舉對曰書稱僭恒
暘若夫僭差無度則言不從而下不正陽無以制則上
擾下竭宜密嚴勑州郡以察姦宄其後江淮猾賊處處
並起如舉所陳及梁太后臨朝以殤帝幼崩宜在順帝
之下詔下公卿舉議曰春秋魯閔公無子庶兄僖公代
立其子文公遂躋僖於閔上傳曰逆祀也今殤帝在先

順帝在後先後之義昭穆之序不可亂也詔從之舉累

遷光祿勳

授經圖卷十一

欽定四庫全書

授經圖卷十二

明 朱睦㮮 撰

經二十九卷漢藝文志 書古經及序五卷朱熹定

今文尚書纂言六卷吳登

右伏生今文

書古文經四十九卷漢藝文志

古文尚書十三卷孔安國傳 古文尚書九卷鄭玄注

孔安國隸古文尚書二卷宋藝文志

古文尚書舜典一卷范寗注

古文大義二十卷任孝恭注

古文尚書釋文十三卷通志畧

書古文訓十六卷薛士龍

右孔壁古文

三字石經尚書古篆三卷

今字石經尚書五卷　今字石經鄭玄尚書八卷

一字石經尚書六卷　秦本石經尚書十三卷

蜀本石經尚書十三卷

右石經

尚書章句三十一卷歐陽生

尚書章句二十九卷夏侯勝

尚書章句二十九卷夏侯建

尚書章句二十九卷牟長　尚書章句訓解十卷尹洪

右章句

尚書傳四十一篇漢藝文志　尚書大傳三卷伏勝

書傳十三卷蘇軾　書傳十一卷葉夢得

書傳一卷康伯成　書傳八卷錢時

書裨傳十三卷吳棫　書小傳十八卷王炎

尚書小傳四卷李舜臣　書小傳十二卷張震

尚書訓詁傳四十六卷晁公武

書集傳六卷蔡沈　書附傳四十卷王柏

右傳

尚書注十一卷馬融　尚書注十一卷王肅

尚書注十卷范甯　尚書注十五卷謝沈

尚書注十卷王元度　尚書表注二卷金履祥

尚書旁注六卷朱升　注書經三要三卷明世宗

御注洪範一卷明太祖　書全解十一卷蔡卞

尚書解十三卷孫覺　書解十二卷王十朋

尚書解四卷胡銓　尚書解三十卷陳鵬飛

尚書解一卷王日休　尚書解十六卷夏僎

書解十二卷薛肇明　書解十四卷袁默

尚書句解十二卷朱祖義　尚書辨解十卷郝敬

右注

書集解三卷梅教授　尚書集解十一卷李顯

尚書集解五十八卷林之奇

尚書集解十四卷顧臨　書集解十二卷李子林

書集解五十二卷孫泌　書青霞集解二十卷劉甄

書四百家集解五十八卷成申之

書集傳十二卷 陳大猷

尚書集釋十一卷 江道盛

尚書集注二十卷 孔子祛

尚書集傳十卷 王天與

尚書會解十三卷 四庫書目

尚書詳說五十卷 張九成

尚書全解二十八卷 胡瑗

尚書全解五十卷 陳經

尚書詳解十三卷 胡志行

纂集柯山尚書句解三卷 李公凱

尚書輯錄纂注六卷 董鼎

書傳會通十一卷 陳大猷

書傳會選六卷 劉三吾

書傳大全十卷 胡廣等

尚書世學六卷 豐坊　書傳集成八卷 文淵閣書目

右集注

歐陽說義二篇 漢藝文志　尚書義三卷 巢猗

尚書大義二十卷 梁武帝　尚書義三卷 隋劉先生

尚書義二十卷 孔子袪　尚書義十五卷 全緩

尚書大義三卷 吳孜　尚書義疏十卷 費彪

尚書義疏三十卷 蔡大寶　尚書義疏十卷 巢猗

尚書義疏二十卷 顧彪　尚書義疏三十卷 劉焯

尚書新修義疏三十六卷 尹恭初

尚書述義二十卷 劉炫

尚書正義二十卷 孔穎達

尚書義注三卷 呂文優

尚書文外義一卷 顧彪

尚書百篇義一卷 劉炫

尚書小疏十三卷 馮繼先

尚書廣疏十八卷 馮繼先

尚書集傳纂疏六卷 陳櫟

尚書疏衍四卷 陳第

尚書講義三十卷 張綱

尚書講義三十卷 曾收

書講義二十二卷 史浩

書講義八卷 曾肇

新經書義十三卷 王雱

尚書要義二十卷 魏了翁

尚書精義六十卷 黃倫

書經精義三卷 真德秀

尚書原義一卷 文淵閣書目

書解義十一卷 胡伸

書約義二十五卷 應鏞

尚書演義三卷 梁寅

書義卓躍六卷 陳雅言

書義會元一卷 張國賓

尚書義粹二卷 王若虛

尚書口義發題一卷 洪興祖

書傳通釋六卷 彭勗

書疏叢抄一卷 王祖嫡

書經撮要一卷 章瑯

右義疏

石渠議奏四十二篇 漢諸儒

尚書釋問四卷 鄭玄注　尚書釋問四卷 王粲

尚書釋問一卷 虞炎　尚書義問三卷 鄭玄王肅孔晁

孔安國問答二卷 王肅　尚書駁議五卷 王肅

尚書百釋三卷 巢猗　尚書百問一卷 顧歡

尚書糾繆十卷 王元感　書辨訛七卷 鄭樵

書集說或問二卷 陳大猷　書義辨疑一卷 楊時

尚書辨疑一卷 趙杞　書疑九卷 王栢

尚書通考十卷 黃鎮成　讀書管見二卷 王充耘

尚書因問二卷 呂柟　蔡傳辨一卷 程直方

讀蔡傳疑一卷 余芑舒　砭蔡篇一卷 袁仁

右問難

尚書暢訓一卷 伏勝　尚書雜記二十二篇 周防

尚書釋義四卷 伊說　尚書新釋二卷 李顒

尚書要略二卷 李顒　尚書孔目一卷 劉炫

尚書畧義三卷劉炫

尚書略義一卷樂敦逸

尚書義宗三卷楊玉

書說十述一卷孫覺

尚書斷章十三卷成伯璵

書經體要一卷徐蘭

尚書解題一卷宋藝文志

渾灝發旨一卷宋藝文志

尚書關言三卷黃君俞

書經補遺五卷國子監書目

書九意一卷楊繪

書說七卷朱熹

書說一卷程頤門人記

書說十卷呂祖謙

書說十三卷孔武仲

書說七卷黃度

書說十二卷黄幹
書說一卷鄭敷文
書說十四卷王希旦
書解說一卷上官公裕
書說三卷趙汝談
書說十五卷張沂
書說二卷張景
書說十一卷潘衡
書說三十卷時瀾
書說十二卷史仲才
書說二卷陳梅叟
書說十四卷佘九成
尚書說要五卷呂枏
家塾書鈔十卷袁燮
家塾讀書記二十三卷袁覺

讀書記十卷 王若

書鈔十二卷 陳傅良

尚書目記十六卷 王樵

尚書演聖通論七卷 胡旦

書蔡傳旁通六卷 陳師凱

書經旁通十卷 黃瑜

讀書叢說六卷 許謙

尚書類數二十卷 卞大亨

尚書名數索至十卷 方時發

書義要訣四卷 倪士毅

堯典舜典解一卷 程頤

二典義一卷 陸佃

禹貢論五卷 程大昌

禹貢後論一卷 程大昌

禹貢論二卷 傅寅

禹貢傳注詳節一卷　鄭慶宜

禹貢要畧一卷　葛大紀

禹貢集說十卷　鄒近仁

禹貢指南二卷　毛晃

禹貢解一卷　徐常吉

禹貢解一卷　焦竑

禹貢纂注六卷　夏允彝

禹貢圖注十卷　何模

洪範五行傳論十二卷　劉向

洪範五行傳記一篇　許商

洪範外傳十卷　穆元休

洪範傳一卷　曾致

洪範傳一卷　王安石

洪範傳一卷　曾鞏

洪範會傳一卷　孫諤

洪範補傳一卷馮去非

洪範口義一卷胡瑗

洪範明義二卷黃道周

洪範解一卷張景

洪範解六卷劉彝

定正洪範集說一卷胡一中

洪範皇極内篇十四卷蔡沈

洪範統一卷趙善湘

尚書洪範五行說一卷孟先

洪範疇解一卷俞深

洪範九疇數解八卷熊宗立

範衍十卷錢一本

洪範洛書辨一卷田澤

洪範考疑一卷吳世忠

五誥解一卷楊簡

無逸講義一卷 司馬光

無逸説命解一卷 吳安時

右訓説

尚書圖一卷 宋真宗

尚書百篇圖一卷 李燾

尚書治要圖五卷 宋藝文志

禹貢治水圖一卷 孟先

禹貢論圖一卷 程大昌

禹貢圖一卷 王柏

禹貢圖説一卷 鄭曉

洪範圖論一卷 蘇洵

尚書洪範辨圖一卷 吳仁傑

洪範圖解一卷 韓邦奇

無逸圖一卷 王洙

右圖

書譜二十卷程大昌　尚書譜四卷梅鷟

尚書別記名數一卷通志畧

禹治水年譜一卷鄭瑶

右譜

今文尚書音一卷顧彪　古文尚書音五卷顧彪

古文尚書音一卷徐邈　尚書大傳音二卷顧彪

尚書古字一卷通志畧　尚書音義四卷王儉

尚書釋文一卷陸德明　新定尚書釋文三卷陳諤

周書音訓十二卷王炎　蔡傳音義六卷鄒季友

右音

尚書緯三卷鄭玄注　尚書中候五卷鄭玄注

右緯

汲冢周書八卷孔晁注　古三墳一卷毛漸注

古文瑣語四卷通志畧

集解周書王會篇一卷王應麟

尚書逸篇注三卷徐邈　書經亾篇序一卷劉叔嗣

右逸書

漢尚書後漢尚書二十六卷孔衍

續書一百五十篇王通　續尚書二卷陳正卿

續尚書三卷宋韓氏　尚書演範一卷崔良佐

體尚書二卷明仁宗　文苑春秋四卷崔銑

右續書

授經圖卷十二

授經圖卷十三

明 朱睦㮮 撰

三禮

高堂生舊圖不載余錄之且為一編之首以見古禮多出自高堂生也

舊圖謂徐生授蕭奮五傳至戴聖按註疏徐生以容為禮自有傳不在蕭奮之派今圖從註疏

按註疏鄭康成云高堂生所傳十七篇即儀禮也故後儒以儀禮禮記合為一書今圖不更列儀禮

註疏序云鄭衆賈逵皆從杜子春受周官舊圖以鄭興賈徽受子春非是今從註疏更置二子别派

鄭玄通三禮今註疏皆用其說舊圖從戴聖之派及考本傳鄭從馬融受周官今從本傳改置

世或謂杜子春緱氏人及閱鄭樵通志謂劉歆傳周禮於子春及緱氏禮又有緱氏要抄四卷以此觀子春非

緱氏人韻會亦兩釋緱氏曰地曰氏如孝子傳陳留緱氏女是也今圖姑仍其舊以竢博雅者考焉

授經圖卷十三

授經圖卷十四

明 朱睦㮮 撰

- 高堂生—蕭奮—孟卿
  - 閭丘卿
  - 后蒼
    - 聞人通漢—楊榮
    - 戴聖—橋仁
    - 戴德—徐良
    - 慶普
      - 咸
      - 夏侯敬伯
      - 曹充—褒
      - 王臨—董鈞

- 徐生
  - 公戶滿意
  - 襄
  - 延
  - 桓生
  - 單次

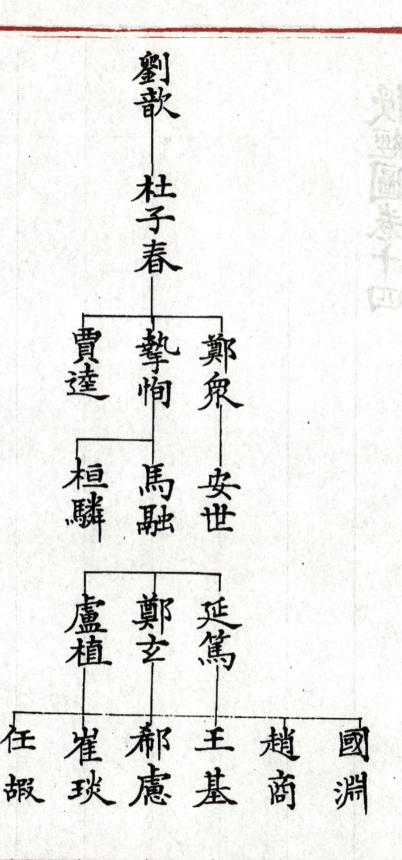

劉歆

杜子春

鄭衆　摯恂　賈逵

安世　馬融　桓驎

延篤　鄭玄　盧植

國淵　趙商　王基　郗慮　崔琰　任嘏

授經圖卷十四

欽定四庫全書

授經圖卷十五

明　朱睦㮮　撰

高堂生魯人或曰字伯漢初為博士傳禮十七篇至武帝時河間獻王得古禮五十六篇獻之朝後又得孔子壁中古文禮五十六篇其十七篇與高堂生所傳同而字多異其十七篇外則皆逸禮也儒林傳云漢興傳禮者十三家惟高堂生五傳得戴德戴聖而禮大明今行

於世小戴記者是也

孟卿東海人事蕭奮以授后蒼魯閭丘卿蒼授戴德戴聖慶普及沛聞人通漢子方子方以太子舍人論石渠至中山中尉

后蒼字近君東海郯人事夏侯昌又事孟卿以禮為博士在曲臺校書因説禮數萬言號曰后氏曲臺記漢藝文志又載曲臺后蒼九篇或即此明興考求古禮以后蒼為禮之宗詔令從祀闕里

戴德字延君戴聖字次君俱梁人事博士后蒼漢初得
先儒所記禮書凡二百四篇德删之為八十五篇號大
戴禮聖又删德之書為四十九篇號小戴禮今立之學
官者是也宣帝時德為信都太傅聖以博士論石渠至
九江太守大戴授琅琊徐良斿卿為博士家世傳業小
戴授梁人橋仁季卿楊榮子孫仁為大鴻臚榮琅邪太
守繇是大戴有徐氏小戴有橋楊氏之學
慶普字孝公沛人事后蒼為東平太傅授魯夏侯敬伯

又授族子咸咸為豫章太守繇是禮有慶氏之學
徐生魯人善為容漢文時徐生以容為禮官大夫傳子
至孫延襄襄資性善為容不能通經延頗能未善也襄
亦以容為大夫至廣陵内史延及徐氏弟子公户滿意
桓生單次皆為禮官大夫諸言禮為容者繇徐氏
曹充魯國薛人持慶氏禮建武中為博士顯宗即位充
上言五帝不相沿樂三王不相習禮大漢自當制禮以
示百世帝問禮樂云何充對曰河圖括地象曰有漢世

禮樂文雅出尚書璇璣鈐曰有帝漢出德洽作樂名予
帝善之下詔曰今且改太樂官曰太予樂歌詩曲操以
俟君子拜充侍中作章句辯難若干卷子褒
褒字叔通少篤志有大度結髮傳父業博雅疏通常憾
朝廷制度未備晝夜研精沈吟專思寢則懷抱筆札行
則誦習文書當其念至忘所之適初舉孝廉再遷圉令
以禮理人以德化俗坐釋盜免歸復徵拜博士會肅宗
欲制定禮樂褒兩上疏帝忻納以班固所上叔孫通漢

儀十二篇勑襃以禮條正襃次序百五十篇為新禮會帝崩未及行襃亦出為河内太守有治績復為侍中襃博物識古為儒者宗作通義十二篇演經雜論百二十篇又傳禮記四十九篇教授諸生千餘人慶氏學遂行於世

董鈞字文伯犍為資中人習慶氏禮事大鴻臚王臨元始中舉明經遷廩犧令病去官建武中舉孝廉辟司徒府鈞博通古今數言政事永平中為博士時草創五郊

祭祀及宗廟禮樂威儀章服輒令鈞參議多見從用當世號為通儒年七十餘卒於家

劉歆字子駿為黃門郎河平中受詔與父向領校秘書講六藝傳記諸子方技無所不究向死歆復為中壘校尉哀帝使歆卒父業周禮始得列序著於錄略然亾其冬官一篇以考工記足之時衆儒並出共排以為非是唯歆獨識其年尚幼務在廣覽博觀又銳精於春秋末年乃知其周公致太平之迹具在於斯遭天下倉卒兵

草並起疾疫喪荒徒有里人緱氏杜子春能通其讀頗識其說語在子春傳

杜子春緱氏人永平初年且九十家於南山通周官教授鄉里初周官行於世始皇見其書深惡之禁絶不傳至武帝時除挾書之律開獻書之路於是周禮出於山巖屋壁復入秘府五家之儒莫得見焉至成帝時通人劉歆表而出之其後馬融鄭玄各為訓詁其學始傳

鄭衆字仲師蓮勺令興之子年十二從父受左氏春秋

精力於學兼通易詩知名於世聞緱氏杜子春能讀周禮與賈逵往受業焉二子洪雅博聞又以經書傳記轉相證明為解逵解行於世衆解不行兼攬二家為備然衆所解説近得其實獨以書序言成王既黜殷命還歸在豐作周官則此周官也失之矣永平初衆辟司空府以明經給事中持節使敵國不為屈單于大怒圍守閉之不與水火欲協服衆衆拔刀自誓單于懼而止及還累遷為武都守郡小少事乃述平生之意著易尚書詩

禮皆訖惟念前業未畢者唯周官年六十六目昏意倦自力補之謂周官傳也子安世亦傳家業為長樂未央廏令延光中安帝廢太子為濟陰王安世與太常桓焉太僕來歷等共正議諫爭及順帝立安世已卒追賜錢帛除子亮為郎

賈逵字景伯扶風平陵人父徽善古文尚書左氏國語毛詩逵悉傳父業是時杜子春明周禮又與鄭衆同受之語在衆傳逵顯宗時拜為郎與班固並校秘書肅宗

立召逵入講帝善之以逵爲左中郎將復爲侍中兼領
秘書近署甚見信用所著經傳義詁及論難百餘萬言
學者宗之
摯恂字季直京兆長安人隱於南山明三禮兼綜百家
之言其弟子馬融桓驎等自遠方至者十餘人旣通古
今而性復溫敏不恥下問學者宗之永和中博求名儒
公卿薦恂行侔曾閔學擬仲舒𩔊是公車徵不詣大將
軍竇憲舉賢良亦不就清名懸於當世以壽終

馬融字季長扶風茂陵人為人美詞貌有儁才初京兆摯恂以儒術教授融從其游永初四年召拜校書郎中滯於東觀十年不得調因自劾歸安帝時召還郎署復在講部出為河間王廄長史陽嘉二年徵詣公車對策拜議郎三遷為南郡太守以忤梁冀旨免官赦還復拜議郎重在東觀著述以病去融才高博洽為世通儒教養諸生常有千數涿郡盧植北海鄭玄皆其徒也年八十八卒於家所註詩易三禮尚書各若干卷

鄭玄字康成北海高密人尚書僕射崇八世孫也師事
京兆第五元通京氏易又從東郡張恭祖受周官禮記
左氏春秋韓詩古文尚書以山東無足問者乃西入關
因涿郡盧植事扶風馬融融門徒四百餘人升堂進者
五十餘生玄在門下三年不得見乃使高業弟子傳授
於玄會融集諸生考論圖緯聞玄善算乃召見於樓上
玄因從質諸疑義問畢辭歸融喟然謂門人曰鄭生今
去吾道東矣玄既歸家貧客耕東萊學徒相隨已數百

千人及黨事起乃被禁錮隱脩經業杜門不出黨禁解大將軍何進聞而辟之設几杖禮待甚優玄不受朝服以幅巾見一宿逃去又舉趙相不至會黄巾寇青部道遇玄皆拜相約不敢入縣境其為强暴所服若此年七十四卒所註禮記六十三卷周禮四十二卷儀禮十七卷自郡守以下受業者千餘人門生相與撰玄答諸弟子問五經依論語作鄭志八篇其門人山陽郗慮至御史大夫東萊王基清河崔琰河内趙商著名於世又樂

安國淵任嘏時並童幼玄稱淵為國器嘏有道德其餘
亦多鑑拔皆如其言
盧植字子幹涿郡涿人建寧中徵為博士復拜九江太
守以疾去時立太學石經以正五經文字植乃上書曰
臣少從故南郡馬融受古學頗知今之禮記特多回穴
臣以周禮諸經發起粃謬敢率愚淺為之解詁而家乏
無力供繕寫上願得將能書生二人共詣東觀就官財
糧專心研精合尚書章句考禮記得失庶裁定聖典刊

正碑文古文科斗近於為實而中興以來通儒達士班
固賈逵鄭興父子並敦悦之今毛詩左氏周禮各有傳
記其與春秋共相表裏宜置博士為立學官以助後來
以廣聖意會南夷叛以植嘗在九江有恩信拜廬江太
守植深達政宜務存清静弘大體而已歲餘復徵拜議
郎與馬日磾蔡邕楊彪韓説等並在東觀校中書五經
補續漢記帝以非急務轉侍中拜尚書忤董卓免官隱
於上谷不交人事初平三年卒子毓知名

國淵字子尼樂安蓋人師事鄭玄後與邴原管寧避地遼東既還舊土司空辟為掾屬每於公朝論議常直言正色退無私焉建安中欲廣治屯田使淵典其事淵屢陳損益相土處民計民置吏明功課之法五年中倉廩豐實百姓競勸樂業遷魏郡太守入為太僕居列卿位布衣蔬食祿賜散之舊故宗族以恭儉自守卒官

崔琰字季珪清河東武城人少訥好擊劍尚武事年二十就鄭玄受學學未期徐州黃巾賊攻破北海玄與門

人到不其山避難時穀糴縣乏玄罷謝諸生琰既受遣
而寇盗充斥西道不通於是周旋青徐兖豫之間以琴
書自娱大將軍袁紹聞而辟之以為騎都尉時紹治兵
黎陽次於延津琰諫曰天子在許民望助順不如守境
述職以寧區宇紹不聽遂敗於官渡及紹卒二子交爭
欲得琰琰稱疾固辭由是獲罪幽於囹圄賴陰夔陳琳
營救得免曹操破袁氏領冀州牧辟琰為别駕及操為
丞相琰為東西曹掾屬遷中尉後坐與楊訓書操令自

裁

王基字伯輿東萊曲城人少孤與叔父翁居翁撫養甚篤基亦以孝稱年十七郡召為吏非其好也遂去入琅邪游學黃初中察孝廉除郎中擢為中書侍郎明帝盛脩宫室百姓勞瘁基上疏諫止散騎常侍王肅著諸經傳解及論定朝儀改易鄭玄舊説而基據持玄義常與抗衡累遷鎮南將軍都督豫州諸軍事封安樂鄉侯基疏求分户二百賜叔父子喬以報拊育之德有詔

特聽及淮南定進封東武侯累加食邑千七百户薨贈

司空謚景侯

授經圖卷十五

欽定四庫全書

授經圖卷十六

明 朱睦㮮 撰

古經五十六卷漢藝文志 經七十篇漢藝文志

記百三十一篇漢藝文志 古禮十七卷張淳較

右古經

一字石經儀禮九卷 今字石經儀禮四卷

秦本石經儀禮十七卷

秦本石經周禮十卷　蜀本石經周禮十二卷

秦本石經禮記二十卷

蜀本石經禮記二十卷

右石經

儀禮傳十七篇高堂生　儀禮傳八十卷張冲

周官經六篇傳四篇漢藝文志

周官經傳六篇劉歆　周官禮傳十二卷馬融

周禮傳十二卷胡銓　周禮沿革傳十二卷魏莊渠

周禮傳九卷王應電　禮記傳十六卷呂大臨

禮記傳十八卷胡銓　禮記外傳四卷成伯璵

少儀外傳二卷呂祖謙　二禮經傳測六十四卷湛若水

右傳

禮記章句八卷張孚敬

右章句

儀禮注十七卷鄭玄　儀禮注十七卷王肅

儀禮注一卷孔倫　儀禮注二卷袁準

儀禮注一卷蔡超宗　儀禮注一卷陳銓

儀禮注二卷田僧紹　儀禮注三十二卷陳祥道

儀禮經傳通解二十三卷朱子

續儀禮經傳通解二十九卷黃幹

儀禮雲莊經解二十卷劉爚

儀禮節解十七卷郝敬　周禮注十二卷鄭玄

周禮注十二卷王肅　周官禮注十二卷干寶

周官禮注十二卷伊說　周禮句解十二卷朱申

周禮互注十二卷張翊
周禮明解十二卷何喬新
周禮完解十二卷郝敬
周禮考工記解四卷林希逸
考工記述注二卷林兆珂
禮記纂十三卷戴德
禮記纂二十卷戴聖
禮記注二十卷盧植
禮記注二十卷鄭玄
禮記注三十卷孫炎
禮記注三十卷王肅
禮記注十二卷業遵
注禮記二十卷王玄感
禮記略解十卷庾蔚之
禮記解七十卷馬希孟
芸閣禮記解十六卷呂大臨

禮記解四十卷陸佃　少儀解一卷張九成

禮記通解二十二卷郝敬　三禮考注六十四卷吳澄

右注

儀禮集釋十七卷李如圭　儀禮集注十四卷李如圭

儀禮經傳集注十四卷楊復

儀禮詳解十七卷周燔　儀禮集說十七卷敖繼公

周官禮集注二十卷崔靈恩

周禮集注七卷何喬新　周禮會注十五卷李如圭

周禮集傳十三卷 毛應龍　周禮詳解四十卷 王昭禹
周禮集說十三卷 陳友仁　禮記集傳十六卷 連伯聰
禮記集說一百六十卷 衛湜
禮記集說十六卷 陳澔　禮記詳解十卷 陳櫟
禮記詳解十卷 朱周翰　禮記纂言三十六卷 吴澄
禮記大全三十卷 胡廣等　禮記集注三十卷 徐師曾
坊記集傳二卷 黄道周　表記集傳二卷 黄道周
儒行集解二卷 黄道周

大戴禮踐祚篇集解一卷 王應麟

二禮集解十二卷 李黼　三禮纂注四十九卷 貢汝成

右集注

儀禮義疏三十卷 沈重　儀禮義疏六卷 經籍志

儀禮義疏見二卷 隋經籍志　儀禮正義五十卷 孔穎達

儀禮疏五十卷 賈公彦　儀禮義十七卷 陸佃

儀禮要義五十卷 魏了翁　儀禮詳疏二十四卷 楊復

周禮要鈔六卷 繼氏

周禮寧朔新書二十卷 司馬伷

周官禮義疏四十卷 沈重

周禮疏十二卷 賈公彥

周禮正義五十卷 孔穎達

周禮講義二卷 鄭宗顏

周禮闕言十二卷 黃君俞

周禮解義二十二卷 王安石

周禮解義二十二卷 鄭諤

周禮中義十卷 劉彝

周禮講義十四卷 史浩

周禮講義四十九卷 林之奇

周禮秋官講義一卷 王與山

周禮要義三十卷 魏了翁

周禮總義三十六卷 易祓

古周禮釋評六卷　孫攀

考工記標義二卷　徐應魯

禮記要鈔十卷　緱氏

禮記義記四卷　鄭小同

禮記寧朔新書二十卷　司馬伷

禮記文外大義三卷　褚暉

禮記新義疏二十卷　賀瑒

禮記義疏四十卷　熊安生

禮記義疏四十卷　沈重

禮記義十卷　何佟之

禮記義證十卷　劉芳

禮記講義九十九卷　皇侃

禮記講疏四十八卷　皇侃

次禮記二十卷　魏徵

禮記正義七十卷　孔穎達

禮記正義十卷 王方慶

禮記疏五十卷 賈公彥

禮記要義三十卷 唐諸儒

禮記小疏二十卷 宋藝文志

禮記要義二卷 王安石

禮記精義十六卷 李格非

禮記要義三十三卷 魏了翁

禮記解義二十卷 方慤

禮記詳節十二卷 呂祖謙

禮記解義十六卷 陳暘

曲禮講義二卷 上官均

曲禮口義二卷 戴溪

學記口義二卷 戴溪

孔子閒居講義一卷 楊簡

三禮大義十二卷 隋經籍志

禮義二十卷戴聖　三禮雜大義三卷通志略

三禮宗義三十卷崔靈恩　三禮名義五卷歐陽丙

三禮通義五卷魯有開　三禮編繹二十六卷鄧元錫

二禮講義一卷胡銓

右義疏

大戴禮記十三卷戴德　石渠禮論四卷戴聖

大戴記喬記八卷喬仁　曲臺記九篇后蒼

雜禮義十一卷吳商　禮論要抄一百卷賀瑒

禮義二十卷鄭玄
禮論三百卷何承天
續禮論一百五十卷孔子袪
禮論抄六十六卷唐藝文志
禮論條牒十卷任預
禮論帖三卷任預
禮論要帖十卷王儉
禮議一卷傅隆
禮論抄二十卷庾蔚之
禮雜抄略二卷荀萬秋
禮論糾略十三卷唐藝文志
禮論六十卷李敬玄
禮類聚十卷唐藝文志
禮區分十卷唐藝文志
禮統十二卷賀述

禮志十卷 丁公著　禮略十卷 杜肅
類禮二十卷 陸淳　禮例詳解十卷 陳祥道
類禮義疏五十卷 元行冲　禮逆降義三卷 顏延之
禮粹二十卷 張頻　古禮外傳十卷 成伯璵
述禮新說四卷 陸佃　禮書一百五十卷 陳祥道
直禮論一卷 何洵　禮義一卷 何隆
中禮八卷 王懋　禮象十卷 陸佃
直禮一卷 李洪澤　儀禮類例十卷 宋藝文志

經禮補遺九卷汪克寬　古禮綱目一卷李如圭

釋宮一卷李如圭　周官致太平論十卷李覯

禮經會元四卷葉時　太平經國書十卷鄭伯謙

周禮全書六卷邱葵　周禮定本三卷邱葵

周禮復古編三卷俞廷椿　周禮定本十三卷舒芬

周禮全經十三卷柯尚遷　周禮類例義斷二卷宋藝文志

周禮折衷二卷魏了翁　周禮綱目八卷林椅

周禮撫說二十三卷林椅　周禮說五卷黃度

周禮說一卷陳傅良

周禮微言十卷徐行

周禮丘乘說一卷項安世

周禮井田譜二十卷夏休

禮記發明一卷王安石

禮記資記十八卷汪鏜孫

破禮記二十卷夏休

禮記隱三十六卷唐藝文志

禮記新說四卷陸佃

禮記說四卷韓性

禮記覺言八卷葉遇春

曲禮全經十五卷柯尚遷

禮記名義十卷通志略

禮記名數要記三卷通志略

禮記外傳名數三卷通志略

三禮目錄一卷 鄭玄

三禮名義疏五卷 鄭氏

三禮宗略二十卷 元延明

二禮分門統要三十六卷 宋藝文志

右論說

答問雜儀二卷 杜預

禮論答問十三卷 徐廣

禮義答問八卷 王儉

禮問答六卷 庾蔚之

禮答問三卷 王儉

禮雜答問十卷 王儉

禮論答問九卷 范甯

禮雜問十卷 范甯

禮雜問答抄一卷何佟之　禮答問十卷何佟之

問禮俗十卷董勛　雜禮義問答四卷戚壽

禮疑義五十二卷周捨　禮雜答問十卷王方慶

禮儀雜記故事十一卷唐藝文志

禮問十二卷呂柟　儀禮識誤一卷張淳

古禮辨誤三卷張淳　周官駁難五卷虞喜

周官禮異同評十二卷陳劭

周官論評十二卷傅玄　周禮義決三卷王玄度

周官禮駁難四卷孫略

周禮或問五卷毛應龍

周禮辨略十八卷徐煥

周禮訂義八十卷王與之

周禮辨疑一卷楊時

周禮折衷二卷魏了翁

周禮考疑七卷樂思忠

禮記評十卷劉雋

禮記繩愆三十卷王玄感

禮記評要十五卷通志略

深衣考正一卷馮公亮

深衣考一卷王廷相

三禮圖駁議二十卷宋藝文志

丁丑三禮辯二十六卷李心傳

禮疑六卷季本

右問難

中庸講疏一卷梁武帝

私記制旨中庸義五卷隋經籍志

中庸傳二卷戴顒

中庸傳一卷胡瑗

中庸集傳一卷錢文子

中庸大傳一卷晁公武

中庸傳一卷張邦奇

中庸外傳三卷顧起元

中庸義一卷盛喬

中庸義一卷喬執中

中庸解義一卷 程顥
中庸解義一卷 呂大臨

中庸解義五卷 游酢
中庸解義一卷 楊時

四先生中庸解義一卷 程呂游楊

中庸集義一卷 倪思
中庸章句一卷 朱熹

中庸定本一卷 朱熹
中庸或問二卷 朱熹

中庸章句詳說一卷 劉清
中庸集解二卷 石𡼏

中庸輯略二卷 朱熹
中庸說一卷 郭忠孝

中庸說一卷 郭雍
中庸說一卷 張九成

中庸說一卷 項安世
中庸說十三卷 陳堯道
中庸說一卷 劉駟
中庸詳說二卷 袁甫
中庸集說啓蒙一卷 謝東山
中庸蒙紀一卷 許謙
中庸發明要覽二卷 陸琪
中庸纂疏三卷 趙順孫
中庸發明一卷 王奎文
中庸指歸一卷 黎立武
提綱一卷 黎立武
中庸凡一卷 崔銑
中庸原一卷 方獻夫
中庸測一卷 湛若水
中庸述一卷 許孚遠

中庸問政章説　卷景星　中庸釋論十二卷吳應賓

中庸大學講義三卷謝興甫

六家中庸大學解一卷司馬光

中庸大學廣義三卷司馬光

庸學通旨二卷黃潤玉　大學中庸日録　卷袁明善

庸學議一卷金賁亨　學庸口義三卷馬森

右中庸

大學改本一卷程顥　大學改本一卷程頤

大學定本一卷 朱熹
太學章句一卷 朱熹
大學或問二卷 朱熹
大學解一卷 喻樗
大學解義一卷 呂大臨
大學統會五卷 周公恕
大學通指要略一卷 經籍志
大學詩解一卷 許衡
大學要旨一卷 許衡
大學疏義一卷 金履祥
大學叢說一卷 許謙
大學明解一卷 月湖李氏師道
大學發微一卷 黎立武
本旨一卷 黎立武
太學說一卷 張九成

大學說十一卷陳堯道

大學通旨一卷蔣文質

大學億一卷王道

大學纂釋一卷程復心

大學指歸一卷魏莊渠

大學全文通釋一卷崔銑

大學千慮一卷穆孔暉

大學原一卷方獻夫

古大學測一卷湛若水

大學古本一卷王守仁

古大學義一卷蔣信

大學愚見一卷孟淮

大學拾朱一卷李承恩

大學述一卷許孚遠

石經大學章句輯注一卷管志道

大學約言一卷李材　古本大學釋論一卷吴應賓

石經舊本大學一卷錢一本

大學衍義四十三卷眞德秀

大學衍義補一百六十卷邱濬

大學格物通一百卷湛若水

右大學

月令注一卷鄭玄　月令章句十二卷蔡邕

月令章句十二卷戴顒　月令解十二卷張處

月令訓解十二卷 高誘

刋定禮記月令一卷 唐玄宗

月令疏三卷 經籍志

月令圖一卷 王涯

月令明義四卷 黃道周

夏小正解四卷 傅崧卿

夏小正解一卷 王廷相

右月令

批點檀弓一卷 謝枋得

檀弓叢訓二卷 楊慎

檀弓述注二卷 林兆珂

檀弓標義二卷 徐應魯

右檀弓

喪服經傳一卷馬融　喪服經傳一卷鄭玄

喪服經傳一卷王肅　喪服經傳一卷袁準

喪服經傳一卷陳銓　集注喪服經傳一卷孔倫

集注喪服經傳一卷裴松之

集注喪服經傳二卷田僧紹

集注喪服經傳二卷蔡超宗

略注喪服經傳一卷雷次宗

喪服經傳義疏一卷何佟之

喪服經傳義疏四卷沈文阿

喪服傳一卷裴子野

駁喪服經傳一卷卜氏

喪服要記一卷蔣琬

喪服要記二卷王肅

喪服要記二卷劉逵

喪服要記十卷賀循

喪服要記五卷庾蔚之

喪服行世要記十卷王逡之

喪服記十卷王氏

喪服要記五卷賀循撰謝徽注

喪服儀一卷衛瓘

喪服要集二卷杜預

喪服要略一卷環濟

喪服古今集記三卷王儉

喪服義疏二卷 賀瑒　喪服經義五卷 沈重

喪服義十卷 謝嶠　喪服文句義疏十卷 皇侃

喪服極議一卷 殷价　喪服義抄二卷 隋經籍志

喪服要略一卷 嚴氏　喪服抄三卷 王隆伯

喪服變除一卷 鄭玄　喪服變除一卷 葛洪

喪服變除一卷 戴立德　喪服制要一卷 徐允

論喪服決一卷　喪服發題二卷 沈文阿

喪服正要二卷 孟詵　喪服制一卷 龐景昭

喪服假寧制三卷 隋經籍志
喪服問難六卷 崔凱
喪服要問二卷 張燿
喪服答要難一卷 袁祈
喪服問答目十三卷 皇侃
喪服要問六卷 劉德明
喪服問疑一卷 樊深
士喪禮儀注十四卷 經籍志
内外服制通釋九卷 車垓
五服集証六卷 徐駿
五服志三卷 經籍志
喪服譜一卷 鄭玄
喪服譜一卷 蔡謨
喪服譜一卷 賀循
喪服圖一卷 王儉
喪服圖一卷 賀游

喪服圖一卷崔逸
喪服圖一卷崔游
五服圖儀一卷隋經籍志
喪服天子諸侯圖一卷謝慈
五服圖十五卷仲子陵
五服圖一卷張薦
喪禮五服圖七卷袁憲
五服圖解一卷龔端禮

右喪服

儀禮圖一卷朱熹
儀禮圖解十七卷楊復
儀禮旁通圖一卷楊復
周官禮圖十四卷經籍志
周禮圖十卷龔原
周禮圖一卷俞言

周禮纂圖一卷 陳祥道　周禮十五圖一卷 王與之

周禮開方圖說一卷 鄭景天

周禮丘乘圖說一卷 項安世

周室王城明堂宗廟圖一卷 祁諶

考工記補圖二卷 張鼎思　禮記纂圖十四卷 經籍志

禮記圖說一卷 衛湜　王制井田圖一卷 阮逸

王制井田圖一卷 徐希文　三禮圖九卷 鄭玄

三禮圖十二卷 夏侯伏朗　三禮圖九卷 張鎰

三禮圖注二十卷 聶崇義　三禮圖二卷 劉績

五禮古圖一卷 呂景蒙　四禮圖一卷 張鯤

服飾圖三卷 李德裕

右圖

儀禮音二卷 鄭玄　儀禮音二卷 王肅

儀禮音二卷 劉昌宗　儀禮音二卷 沈重

古禮釋文一卷 張淳　周官音三卷 鄭玄

周禮音三卷 劉昌宗　周禮釋文一卷 陸德明

周官音訓三鄭同異辨二卷 王曉

禮記音三卷 曹耽

禮記音三卷 徐邈

禮記音二卷 尸穀

禮記音一卷 繆炳

禮記音二卷 李軌

禮記音義隱二卷 謝慈

禮記音一卷 孫毓

禮記音二卷 劉昌宗

禮記音二卷 沈重

禮記音五卷 謝貞

禮記音二卷 徐爰

禮記音二卷 王元規

禮記釋文一卷 陸德明

禮記音訓指說二十卷 楊逢殷

禮記字訓異同一卷 唐元和中刋定

右音

禮緯注三卷 鄭玄　禮記默房注二卷 宋均

五禮緯書二十卷 韋彤　禮緯含文嘉三卷

右緯

諸經解附

白虎通德論六卷　五經通義九卷 劉向

五經雜義七卷 劉向
五經要義五卷 劉向
五經異義十卷 許慎
五經異義十卷 鄭玄
五經要義五卷 雷氏
五經然否論五卷 譙周
五經鉤沉十卷 楊方
五經大義三卷 戴逵
五經大義十卷 樊文深
五經答疑八卷 楊思
五經異同評一卷 賀瑒
五經大義十二卷 沈文阿
五經大義五卷 何妥
五經通義八卷 劉炫
五經正名十二卷 劉炫
五經音十卷 徐邈

五經類語十卷 慕容宗本　五經折疑二十八卷 邯鄲綽

五經宗略三十三卷 元延明

五經雜義六卷 孫暢之　五經要略二卷 顏眞卿

五經微旨十四卷 張鎰　五經對説四卷 趙英

五經要旨五十卷 齊唐　五經指歸五卷 僧十朋

五經釋題雜問一卷 章崇業

五經文字三卷 張參　五經通略二卷 黄俊

五經傳授一卷 李燾　五經疑辨録三卷 周洪謨

五經蠡測六卷　蔣悌生
五經疑義十五卷　李瓚
五經稽疑六卷　朱睦㮮
五經四書明音八卷　王覺
五經繹十五卷　鄧元錫
五經異文十一卷　陳士元
五經疑問六十卷　姚舜牧
六經通數十卷　鮑泉
六經外傳三十七卷　劉貺
六經說五卷　劉餗
六經刊誤二卷　李涪
六經圖七卷　葉仲堪
六經講義一卷　黃幹
六經圖六卷　楊甲
六經圖說十二卷　俞言
六經辨疑五卷　張綱

六經確論十卷張綱　六經天文編六卷王應麟

六經圖五卷趙元輔　六經奥論六卷鄭樵

莆陽二鄭六經圖辯十卷

六經緯六卷隋經籍志　六家經要四卷晁氏讀書後志

六説六卷劉迅　六經疑難十四卷宋藝文志

六經音義十二卷周爚　六經釋文二卷李盛

六經正誤六卷毛居正　六經四書講藁六卷黃淵

六經篆文四十四卷陳鳳梧

六經圖全集六卷胡寶
六藝綱目十二卷
三經義辯十卷楊時
三經辯學七卷王居正
三經演義十一卷劉元剛
七經義綱略三十卷樊文深
七經論三卷樊文深
七經質疑五卷樊文深
七經小傳五卷劉敞
七經中義一百七十卷劉彝
九經師授譜一卷章表微
九經餘義一百卷黃敏求
九經釋難五卷馬光極
九經演義十卷蘇鶚
九經要略一卷李涪
九經字樣一卷唐玄度

九經直音九卷許奕
九經正訛一卷許奕
九經疑難十卷張伯文
九經類義二卷通志略
九經旨九卷通志略
九經經旨纂義九卷宋藝文志
九經要義類目六卷魏了翁
九經治要十卷歐陽長孺
九經要覽十卷經籍志
九經三傳沿草一卷經籍志
九經考異十二卷周應賓
二經雅言二卷汪應辰
十一經問對五卷何異孫
諸經解三十卷楊時

諸經講義七卷 李舜臣

諸經說十卷 項安世

諸經正典十卷 許奕

山堂諸經疑問一卷 劉光祖

羣經音辯七卷 賈昌朝

經典玄儒大義十卷 沈文阿

經傳要略十卷 高重

經典釋文三十卷 陸德明

經典釋文序錄一卷 陸德明

辯經正義七卷 張沂

經典質疑六卷 胡順之

經典分毫正字一卷 歐陽融

經傳發隱七卷 李景陽

經典集音三十卷 劉鎔

羣經索隱三十卷通志略
經史釋題二卷李肇

引經字源二卷李行中
石經註文考異四十卷張㚖

經典稽疑二卷陳耀文
遺經四解四卷徐常吉

經序錄五卷朱睦㮮
河南經說七卷程頤

龜山經說八卷楊時
經學理窟三卷張載

經說一卷林觀過
經括一卷周士貴

畏齋經學十二卷游桂
晦菴經說三十卷黃大昌編

授經圖三卷崇文總目
經解三十三卷楊會

端本堂經訓要義十卷 李好文

經譜一卷 黃潤玉

經野經説三十六卷 呂枏

升菴經説八卷 楊慎

經説一卷 顔宗道

經書補注三卷 黃潤玉

羣經類要十卷 孔克表等

説經劄記八卷 蔡汝楠

六藝論一卷 鄭玄

鄭志十一卷 鄭小同

鄭記六卷 鄭玄門弟子

聖證論十二卷 王肅

長春義記一百卷 梁簡文帝

遊玄桂林二十卷 張機

匡繆正俗八卷 顔師古

微言注集二卷　僑卿　叙元要抄一卷　通志略

詩樂注三卷　通志略

麗澤論説集錄十卷　呂祖謙門人

西山讀書記三十九卷　真德秀

考信錄三十卷　賈鑄　演聖通論六十卷　胡旦

鄉黨少儀咸有一德論孟拾一卷　張九成

項氏家説十卷附録四卷　項安世

論語尚書周禮講義十卷　許奕

西齋清逕二卷 戴勛

泮林講義三卷 張貴謨

詩書遺意一卷 姜得平

兼明書十二卷 邱光庭

鹽石新論丁編二卷 吳仁傑

石渠意見三卷 王恕

石渠意見補遺六卷 蘇濂

授經圖卷十六

授經圖卷十七

明　朱睦㮮　撰

春秋

左傳世傳丘明所著觀其文辭不類丘明其傳他國事略楚國事詳或為左史倚相之作倚相楚人故紀楚獨詳也今姑依舊圖為丘明以俟知者

何休傳稱與其師羊弼追述李育以難二傳註疏又稱

公羊壽四傳而至何休經學大明以此知休受於弼弼受於育育受於仲舒當是一派茲略著其梗槩

褚大殷忠呂步舒漢書俱稱事胡母子都而叙述亦未詳及考史記乃為仲舒一派子都別有傳者今圖從史記

樓望舊圖從嚴彭祖及考漢書本傳受學丁恭今圖從本傳

翁君按本傳尹更始字舊圖列為二人今從史汰去

丁褚大按本傳無丁字段仲温本傳無温字或傳寫之誤今圖俱從史改正

房鳳字子元漢九江太守侯霸受學於房元史氏或書名或書字其例不一故繫霸於房氏之派

段仲殷忠舊圖為二人史記徐廣注曰殷作段仲忠聲相近當是一人今圖從之

舊圖張敞受學荀卿按史記荀卿六國時人張敞宣帝時人相去年代頗遠非的傳今圖不載

授經圖卷十七

欽定四庫全書

授經圖卷十八

明 朱睦㮮 撰

左邱明—魯申—吳起—期—鐸椒—虞卿

荀卿—張蒼

荀卿—賈誼—嘉

賈誼—貫公—長卿—張禹

荀卿—劉公子

尹更始

翟方進 — 宣

咸

胡常 — 賈護 — 陳欽 — 元

劉歆

賈徽 — 逵

孔奮 — 嘉

鄭興 — 衆 — 安世

公羊高 — 平 — 地 — 敢 — 壽

- 胡母生
  - 公孫弘
  - 嬴公
    - 孟卿
    - 貢禹
      - 疏廣
        - 筦路
          - 孫寶
      - 眭孟
      - 堂谿惠
        - 冥都

- 董仲舒
  - 段仲
  - 褚大
  - 李育
    - 羊弼
      - 何休
  - 呂步舒
  - 吾丘壽王

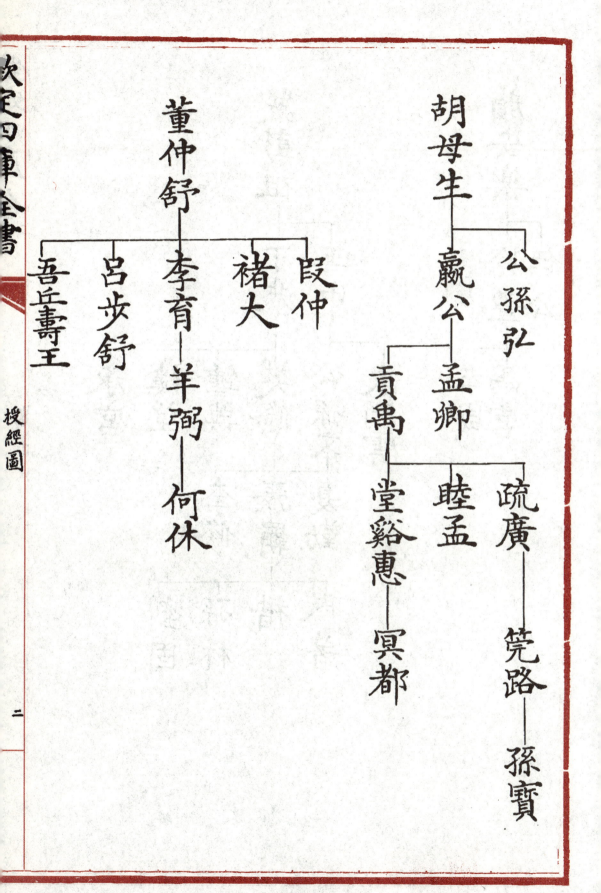

- 嚴彭祖
  - 丁恭
    - 樊儵
      - 張霸
        - 楷
        - 段著
        - 孫林
        - 劉固
      - 李修
      - 夏勤
    - 鍾興
    - 樓望
    - 承宮
  - 王中
    - 公孫文
    - 東門雲

- 顏安樂
  - 泠豐
    - 馬宮
    - 左咸
  - 任公

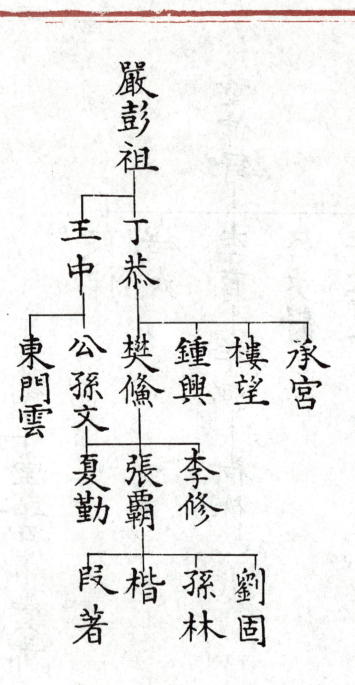

穀梁赤—荀卿—魯申公—瑕邱江公—博士江公

博士江公—劉向
博士江公—榮廣
博士江公—皓星公
博士江公—胡常—蕭秉

榮廣—周慶
榮廣—丁姓—申章昌
榮廣—蔡千秋—尹更始

尹更始—翟方進
尹更始—咸
尹更始—房鳳—侯霸

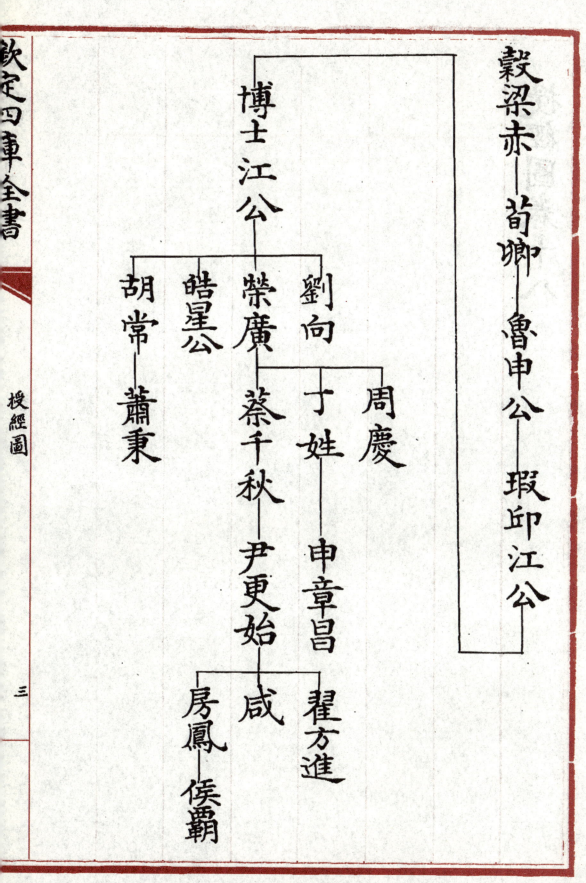

授經圖卷十八

欽定四庫全書

授經圖卷十九

明 朱睦㮮 撰

左邱明魯人受春秋於孔子作傳授魯申申授吳起起授子期期授鐸椒椒授虞卿虞卿作抄撮九卷授荀卿荀卿授張蒼及賈誼誼張敞劉公子皆修左氏春秋傳誼為左氏傳訓故授趙人貫公為河間獻王博士貫公授子長卿為蕩陰令長卿授張禹禹授尹更始更始授子

咸及翟方進胡常常授黎陽賈護哀帝時待詔為郎授蒼梧陳欽至將軍劉歆從尹咸及翟方進受繇是言左氏者本之賈護劉歆

吳起衛人從魯申受春秋左氏傳事魏文侯文侯以起善用兵廉平能得士心乃以為西河守以拒秦韓文侯既卒起事其子武侯武侯浮西河而下中流顧謂起曰美哉山水之固此魏國之寶也起對曰在德不在險昔三苗氏左洞庭右彭蠡德義不修禹滅之夏桀之居左

河濟右泰華伊闕在其南羊腸在其北修政不仁湯放之殷紂之國左孟門右太行常山在其北大河經其南修政不德武王殺之繇此觀之在德不在險若君不修德舟中之人盡為敵國也武侯曰善及公叔為相欲害吳起乃譖於武侯起懼而之楚楚之貴戚忌其能乗楚亂射殺之子期亦傳家學

鐸椒楚人受春秋於吳期為楚威王傅以王不能盡觀春秋采取成敗卒四十章為鐸氏微

虞卿不知何許人從鐸椒受左氏春秋為趙上卿以魏齊之故不重萬戶侯卿相之印與魏齊間行卒去趙困於梁不得意乃著書上采春秋下觀近世曰節義稱號揣摩政謀凡八篇以刺譏國家得失世傳為虞氏春秋張蒼陽武人受學荀卿秦時為御史主柱下方書漢興蒼為常山守復徙代相臧荼反蒼以擊荼有功封北平侯更為列侯明習天下圖書計籍又善算律歷故令蒼以列侯居相府領主郡國上計者累遷御史大夫年百

餘歲卒
賈誼雒陽人受左氏學於荀卿年十八能屬文稱於郡中文帝召為博士誼以漢興二十餘年天下和洽宜當改正朔易服色定官名興禮樂廼草具其儀法奏之文帝議以誼任公卿之位絳灌東陽侯馮敬之屬毀之出為長沙王太傅後歲餘復拜誼為梁懷王太傅懷王文帝少子愛而好書故令誼傅之梁王墜馬死誼自傷為傅無狀歲餘亦死武帝初舉賈誼之孫二人為郡守賈

嘉最好學世其家

翟方進字子威汝南上蔡人少入京從博士尹更始受春秋左氏傳復從劉歆講授積十餘年經學明習徒衆日廣以射策甲科為郎二三歲舉明經遷議郎是時宿儒有清河胡常與方進同經常為先進名譽出方進下心害其能論議不右方進方進知之候伺常大都授時遣門下諸生至常所問大義疑難因記其說如是者久之常知方進宗讓已内不自得其後居士大夫之間未

嘗不備述方進遂相親友河平中轉博士累遷御史大夫會丞相缺羣臣多舉方進帝亦器其能遂擢為相封高陵侯居九歲以災異賜册自裁天子親臨賜禮異於他相故事謚曰恭侯子宣亦明經篤行為南郡太守

鄭興字少贛河南開封人從博士金子嚴為左氏春秋天鳳中又將門人從劉歆講大義歆美興才使撰條例章句訓詁及校三統歷建武六年以杜林薦徵為大中大夫數言事依經守義文章温雅坐奉使買奴婢左轉

蓮勺令復以事免世言左氏者多祖興而賈逵亦善說
春秋故左氏有鄭賈之學興去蓮勺遂不復仕客授閿
鄉三公連辟不肯應卒於家子衆自有傳
孔奮字君魚扶風茂陵人少從劉歆受春秋左氏傳歆
稱之謂門人曰吾已從君魚受道矣光武時奮為武都
太守為政明斷甄善疾非見有美德愛之如親其無行
者忿之如讐郡中稱為清平弟奇游學洛陽奮以奇經
明當仕乃上病去官守約鄉閭卒於家奇博通經典作

春秋左氏刪奮子嘉官至城門校尉作左氏說云

陳元字長孫蒼梧廣信人父欽習左氏春秋事黎陽賈

護與劉歆同時而別自名家元受父業為之訓詁銳精

覃思至不與鄉里通以父任為郎建武初元與桓譚杜

林鄭興俱為學者所宗及立左氏學選博士四人元為

第一後辟司空李通府又辟司徒歐陽歙府數陳當世

便事帝不能用以病免

公羊高齊人受春秋於卜子夏傳其子平平傳其子地

地傳其子敢敢傳其子壽至漢景帝時乃與弟子董仲舒胡母子都著以竹帛仲舒以公羊顯於朝四傳而至何休作觧詁其學遂大行

胡母生字子都齊人傳公羊春秋爲景帝博士與仲舒同業以老歸教授齊之言春秋者多宗事之授東平嬴公廣川段仲嬴公爲昭帝諫大夫授東海孟卿卿授魯人眭孟孟授東海嚴彭祖魯人顔安樂彭祖爲春秋嚴氏學安樂爲春秋顔氏學孟卿自有傳

董仲舒廣川人從公羊壽受春秋漢景帝時為博士下帷講誦弟子傳以久次相受業或莫見其面盖三年仲舒不觀於舍園其精如此武帝即位出為江都相中廢為中大夫仲舒為人廉直是時公孫弘治春秋不如仲舒而疾之言於帝使相膠西王膠西王素聞仲舒有行亦善待之仲舒恐久獲罪疾免家居不治產業修學著書為事故漢興五世之間惟仲舒名為明於春秋仲舒弟子蘭陵褚大廣川殷忠温呂步舒大至梁相步舒至

長史弟子通者至於命大夫為郎謁者掌故者以百數
而仲舒子及孫皆以學至大官
公孫弘字季少齊菑川國薛縣人家貧牧豕海上年四
十餘始受春秋於胡母生養後母孝謹建元元年徵以
賢良為博士使匈奴還報不合上意以病免元光五年
復以文學徵弘讓謝國人固推弘及對策天子擢弘第
一召入見狀貌甚麗拜為博士待詔金馬門每朝會議
開陳其端令人主自擇不肯面折庭爭上以其行敦厚

辯論有餘習文法吏事而又緣飾以儒術二歲中至左內史元朔三年代張歐為御史大夫五年為丞相年八十終於位自弘以春秋白衣為天子三公封以平津侯天下之學士靡然鄉風矣

吾邱壽王字子贛趙人年少以善格五召待詔詔使從中大夫董仲舒受春秋高材通明遷侍中中郎坐法免會東都盜賊起拜壽王為東郡都尉後徵入為光祿大夫侍中丞相公孫弘奏禁民挾弓弩上下其議壽王對

曰愚聞聖王合時以明教未聞弓矢之為禁也且為禁者為盜賊之以攻奪也攻奪之罪重誅不避也臣恐邪人挾之而吏不能止良民以自備而抵法是擅賊威而奪民救也竊以為無益於禁姦而廢先王之典使學者不得習行其禮大不便上以難丞相弘弘詘服焉及汾陰得寶鼎上問壽王壽王對上善之賜壽王黄金十斤後坐事誅

貢禹字少翁琅邪人師事嬴公以明經潔行著聞宣帝

時舉賢良為河南令歲餘以職事為府官所責免冠謝禹曰冠一免安可復冠也遂去官元帝即位徵禹為諫大夫數虛己問以政事是年饑禹奏切直帝善其忠拜光祿大夫後乞骸骨詔褒答遷御史大夫禹又奏罷郡國園廟定漢宗廟迭毀禮禹卒後帝追思竟下詔行其議

眭弘字孟魯國蕃人以字行從孟卿受春秋以明經為議郎至符節令昭帝元鳳三年春萊蕪山南匈匈有數

千人聲民視之有大石自立上林苑中柳樹斷枯卧地亦自立孟推春秋災異之義使友人内官長賜上書言事時昭帝幼霍光惡之下其書廷尉奏賜孟妄言惑衆皆伏誅後五年宣帝即位徵孟子為郎

疏廣字仲翁東海蘭陵人受孟卿春秋家居教授徵為博士地節三年立皇太子廣為少傅居數月徙太傅廣兄子受亦以賢良舉為太子家令好禮恭謹敏而有辭拜少傅太子每朝太傅在前少傅在後父子并為師傅

朝廷以為榮在位五歲皇太子年十二通論語孝經廣
謂受曰吾聞知足不辱知止不殆即日父子俱以病乞
歸詔賜黃金二十斤皇太子贈以五十斤廣既歸鄉里
日令家供具請族人故舊與相娛樂不置田宅或勸廣
廣曰吾豈老誖不念子孫哉顧自有舊田廬子孫勤力
足供衣食今復增益但教子孫怠惰耳賢而多財則損
其志愚而多財則益其過於是族人悅服後廣受皆以
壽終

何休字邵公任城樊人休為人質朴訥口而雅有心思
精研六經世儒無及者以列卿子台拜郎中非其好也
辭病而去不仕州郡進退不仕禮坐陳蕃黨錮作春秋
公羊解詁覃思不闚門十有七年妙得公羊本意與其
師博士羊弼追述李育以難二傳作公羊墨守左氏膏
肓穀梁廢疾黨錮解又辟司徒府羣公表休道術深明
宜侍帷幄乃拜議郎屢陳忠言遷諫大夫卒年五十四
嚴彭祖字公子東海下邳人與顏安樂俱事睦孟孟弟

子百餘人惟彭祖安樂爲明質問疑義各持所見孟曰春秋之意在二子矣孟死彭祖安樂各專門教授繇是公羊春秋有顔嚴之學彭祖爲宣帝博士至河南太守以高第入爲左馮翊遷太子太傅廉直不事權貴或說曰天時不勝人事君以不修小節曲禮亾貴人左右之助經誼雖高不至宰相願少自勉强彭祖曰凡通經術固當修行先王之道何可委曲從俗苟求富貴乎彭祖竟以太傅官終授琅邪王中中爲元帝少府家世傳業

中授同郡公孫文東門雲雲為荊州刺史文東平太傅顔安樂字公孫魯國薛人眭孟姊子家貧為學精力官至齊郡太守丞安樂授淮陽泠豐次君淄川任公公為少府豐淄川太守繇是顔氏有泠任之學始貢禹事嬴公成於眭孟至御史大夫疏廣事孟卿至太子太傅廣授琅邪筦路路為御史中丞禹授頴川堂溪惠惠授泰山冥都都為丞相史都與路又事顔安樂故顔氏復有筦冥之學路授孫寶為大司農豐授馬宫琅邪左咸咸

為郡守徒衆尤盛官至大司徒
丁恭字子然山陽東緡人習公羊嚴氏春秋恭學義精
明教授常數百人州郡請名不應建武初為諫議大夫
博士封關内侯十一年遷少府世稱大儒後拜侍中祭
酒騎都尉卒於官
孫寶字子嚴頴川鄢陵人從筦路受春秋初為郡吏御
史大夫張忠薦寶經明質直宜侍近臣為議郎遷諫大
夫會益州蠻夷犯法巴蜀不寧詔以寶為廣漢太守蠻

夷既輯徵為京兆尹平帝立寶為大司農越巂郡上黃龍游江中廷臣咸稱莽功德比周公宜告祠宗廟寶曰周公上聖召公大賢尚猶有不相說著之經典兩不相損今風雨未時百姓不足每有一事羣臣同聲得無非其美者時大臣皆失色侍中奉車騎都尉甄邯即時承制罷議未幾寶坐事免建武中錄舊德以寶孫伉為都長

鍾興字次文汝南汝陽人少從丁恭受嚴氏春秋恭薦

興學行高明光武名見問以經義應對甚明帝善之拜郎中稍遷左中郎將詔令定春秋章句去其重複以授皇太子又使宗室諸侯從興授章句封關內侯興自以無功不敢受爵帝曰先生教訓太子及諸王侯非大功耶興曰臣師丁恭於是復封恭而興固辭不受爵卒於官樓望字次子陳留雍邱人少從丁恭習嚴氏春秋操節清白有稱鄉閭建武中趙節王栩聞其高名遣使齎玉帛請以為師望不受後仕功曹永平初為侍中越騎校

尉入講省内累遷左中郎將教授不倦世稱儒宗

樊儵字長魚南陽湖陽人宏之子從侍中丁恭受春秋謹約有父風事後母至孝永平元年拜長水校尉以決獄見知於明帝甞刪定嚴氏春秋章句世號樊侯學教授門徒前後三千餘人弟子頴川李修九江夏勤皆為三公勤字伯宗為京宛二縣令廬陵太守所在有理能稱安帝時至司徒

承宫字少子琅邪姑幕人受春秋於丁恭勤學不倦永平

中徵詣公車拜博士遷左中郎將數陳時政論議切懿
朝臣憚其節仕至侍中祭酒
馬宮字游卿東海戚人治顔氏春秋以射策甲科為郎
遷楚長史免官後為丞相司直師丹薦宮行能髙潔遷
廷尉平青州刺史汝南九江太守所在見稱徵為詹事
光祿勲右將軍代孔光為大司徒封扶徳侯元始中坐
議傅太后謚上大司徒印綬以侯就第
張霸字伯饒蜀郡成都人年數歲而知孝讓雖出入飲

食自然合禮鄉人號曰張曾子七歲通春秋復欲進餘
經父曰汝小未能也覇曰我饒為之故字曰饒焉後就
長水校尉樊儵受嚴氏公羊春秋遂博覽五經諸生孫
林劉固段著等慕之各市宅其旁以就學焉舉孝廉稍
遷光禄主事永元中為會太守表用郡人處士顧奉公
孫松等奉後為潁川太守松為司隷校尉並有名稱其
餘有行業者皆見擢用郡中爭厲志節習經者以千數
道路但聞誦聲初覇以樊儵刪嚴氏春秋猶多繁辭乃

減定二十萬言更名張氏學霸後四遷為侍中當為五
更會疾卒將作大匠翟酺等與諸門人追録本行謚曰
憲文中子楷
楷字公超通父嚴氏春秋門徒常百人賓客自父黨夙
儒偕造門馬車馬填街徒從無所止黄門及貴戚之家
皆起舍巷次以候過客往來之利楷疾其如此輒徙避
之家貧無以為業常乘驢車至縣賣藥足給食輒還鄉
里司隸舉茂才除長陵令不至官隱居弘農山中學者

隨之所居成市後華陰山南遂有公超市五府連辟舉
賢良方正不就建和三年詔安車備禮聘之辭以篤疾
年七十終於家

穀梁赤一名淑字元始魯人受經於子夏作春秋傳授
荀卿卿授魯申公申公授瑕丘江公江公授子及孫博
士公其後寖微惟滎廣皓星公二人傳其學
瑕丘江公與董仲舒並時仲舒夲治公羊能持論善屬
文江公吶於口上使與仲舒議不如仲舒卒用仲舒於

是詔太子受公羊春秋太子既受公羊復私問穀梁而善之

劉向字子政年十二以父德任為輦郎既冠以行修飭擢為諫大夫會立穀梁春秋詔向受經博士江公講論於石渠元帝初太傅蕭望之少傅周堪薦向宗室忠直明經有行擢為散騎宗正給事中與侍中金敞拾遺於左右四人同心輔政為弘恭石顯所譖愬下獄其春地震上感悟徵向為中郎尋以恭顯誣罔復免為庶人成

帝即位顯等伏辜向復召用領護三輔都水數奏封事
遷光禄大夫校中秘書時政由王氏災異浸甚向曰外
家日盛其漸必危劉氏復上書極諫天子召見向歎息
悲傷以向為中壘校尉毎陳奏言皆痛切發於至誠上
數欲用向為九卿輒為王氏居位者及丞相御史所持
故終不遷向卒後十三歲而王氏代漢子歆自有傳
榮廣字王孫魯人受春秋於博士江公高才捷敏與公
羊大師睦孟等論數困之故好學者頗宗焉蔡千秋少

君周慶幼君丁姓子孫皆從廣受千秋又事皓星公其學益顯

蔡千秋沛人治穀梁春秋宣帝即位聞衛太子好穀梁春秋以問丞相韋賢長信少府夏侯勝及侍中樂陵侯史高皆魯人言穀梁子本魯學公羊氏廼齊學也宜興穀梁時千秋為郎召見與公羊家並説帝善穀梁説擢千秋為諫議大夫給事中後有過左遷平陵令復求能為穀梁者莫及千秋帝愍其學絶廼以千秋為郎中户

將選郎十人從受
尹更始字翁君汝南人本事蔡千秋能説春秋矣會千
秋病死徵江公孫爲博士劉向以故諫大夫通達待詔
受穀梁欲令助之江博士亦死迺徵周慶丁姓待詔保
宫使卒授十人自元康始講至甘露元年積十餘歳皆
明習迺召五經博士太子太傅蕭望之等大議殿中評
穀梁公羊同異各以經處是非時公羊博士嚴彭祖侍
郎申輓伊推宋顯穀梁議尹更始始待詔劉向周慶丁

姓並論公羊家多不見從欲請內侍郎許廣使者亦並內穀梁家中郎王亥各五人議三十餘事望之等十一人各以經誼對多從穀梁繇是穀梁之學大盛慶為博士姓至中山太傅授楚申章昌曼君為博士至長沙太傅徒衆尤盛尹更始為諫大夫長樂戶將又授左氏傳取其變理合者以為章句傳子咸及翟方進琅邪房鳳咸至大司農方進鳳自有傳

房鳳字子元不其人以射策乙科為太史掌故太常舉

方正為縣令都尉失官大司馬王根薦鳳明經擢為光祿大夫遷五官中郎將九江太守至青州牧時光祿王龔與奉車都尉劉歆共校書三人皆侍中始江博士授胡常常授梁蕭秉君房為講學大夫繇是穀梁春秋有尹胡申章房氏之學

侯霸字君房河南密人篤志好學不事產業師九江太守房元治穀梁春秋為元都講少舉德行遷隨宰光武初時無故典朝廷又少舊臣霸明習故事收錄遺文乃

徵霸令條奏善政法度有益於時者皆施行之明年拜
大司徒封關內侯在位明察守正奉公不回薨於位

授經圖卷十九

授經圖卷二十

明 朱睦㮮 撰

春秋古經十二篇漢藝文志

右古經

一字石經春秋一卷

三字石經春秋三卷

古篆石經左傳十二卷

今字石經左傳十卷

秦本石經左傳三十卷

蜀本石經左傳三十卷

今字石經公羊傳九卷

秦本石經公羊傳十卷

蜀本石經公羊傳十二卷

秦本石經穀梁傳十卷

蜀本石經穀梁傳十二卷

右石經

春秋章句三十八篇公羊高

春秋章句三十三篇 穀梁赤

春秋左傳章句二十卷 賈逵

春秋左傳章句三十卷 董遇

春秋左傳章句二十二卷 王肅

春秋穀梁傳章句十五卷 尹更始

右章句

春秋傳三十卷 左邱明

春秋傳十一卷 公羊高

春秋外傳五十篇 公羊高

春秋傳十一卷 穀梁赤

春秋外傳二十篇穀梁赤　春秋傳十一卷郤氏

春秋傳十一卷夾氏

春秋公羊穀梁傳十二卷劉兆

春秋傳一卷程頤　春秋傳十二卷陳禾

春秋傳十五卷劉敞

春秋繹聖新傳十二卷任伯雨

春秋傳三十卷胡安國　春秋傳十二卷鄭樵

春秋傳二十卷程迥　春秋故訓傳五卷晁公武

春秋傳十二卷陸佃　春秋傳補遺一卷陸佃
春秋傳三十卷林拱辰　春秋後傳十二卷陳傅良
春秋後傳補遺陳傅良
春秋傳二十卷葉夢得　春秋傳十二卷劉絢
春秋新傳十三卷余安行　春秋外傳二十五卷朱臨
春秋正傳三十七卷湛若水
春秋傳十五卷朱睦㮮　春秋傳十二卷張銓
左氏正傳十卷王栢

右傳

春秋左氏傳解詁三十卷 賈逵

春秋左氏傳解誼十一卷 服虔

春秋左傳注三十卷 王肅

春秋左傳注十二卷 王朗

春秋左傳注十卷 士燮

春秋左傳注十卷 杜服二氏

春秋左傳注三十卷 董遇

春秋左傳注二十八卷 孫毓

春秋左傳注三十卷 王元感

春秋左傳注二十卷 王栢

春秋左傳補注十卷 趙汸

左傳附注五卷 陸粲

春秋左氏傳經解四卷 王述之

春秋左傳句解七十卷 林堯叟

春秋左傳節解三十五卷 朱申

左傳直解十二卷 郭登

春秋公羊傳注十二卷 何休

春秋公羊傳十二卷 嚴彭祖

春秋公羊傳注十三卷 王愆期

春秋公羊傳注十二卷 高龔

春秋公羊傳注十二卷 戴宏序

春秋公羊傳注十四卷 孔衍

公羊解詁十三卷 唐蓺文志

春秋穀梁傳注十五卷 尹更始

春秋穀梁傳注十四卷 段肅

春秋穀梁傳注十二卷 唐固

春秋穀梁傳注十二卷 糜信

春秋穀梁傳注十卷 張靖

春秋穀梁傳注十四卷 孔衍

春秋穀梁傳注十二卷 徐邈

春秋穀梁傳注十六卷 程闡

春秋穀梁傳注十二卷 徐乾

春秋穀梁傳注十二卷 范甯

春秋外傳注解十五卷 王汝猷

春秋指訓五卷 孔君

春秋經傳解六卷 沈宏

春秋經傳解六卷 崔靈恩

春秋解十五卷 孫覺

春秋解十二卷 黎錞

春秋解十二卷 崔子方

春秋解二卷 劉易　春秋解二卷 呂本中

春秋解十卷 楊簡　春秋解十二卷 胡定

徐潮州春秋解十二卷 徐德操

春秋通解十二卷 馮山

春秋經解指要十四卷 薛士能

右注

春秋經傳集解三十卷 杜預

春秋集傳三十卷 許康佐等　春秋公羊集解十四卷 孔氏

春秋穀梁集解十卷 胡訥

春秋穀梁傳集解十卷 沈仲義

春秋穀梁傳集解四卷 張程孫劉四家

春秋三傳集注十一卷 劉兆

春秋集三傳經解十二卷 胡訥

春秋公羊穀梁集傳十二卷 劉琨

春秋集注二十卷 陸淳

息齋春秋集注十四卷 高閌

春秋集注十一卷 張洽

春秋集傳十七卷 陸淳

春秋集傳十五卷 樊宗師 春秋集傳十五卷 王琮

春秋集傳十二卷 蘇轍 春秋集傳十五卷 王沿

春秋集傳二十六卷 張洽 春秋集傳三十卷 楊時秀

春秋集傳詳說三十卷 家鉉翁

春秋集傳十五卷 趙汸 春秋集解十一卷 張弘靖

春秋集解三十卷 呂祖謙 春秋集解三十三卷 林栗

春秋集義五十卷 王夢應 春秋集義五十卷 李明復

春秋會義二十六卷 杜諤 春秋會傳十五卷 饒秉監

春秋諸傳會通二十四卷 李廉

春秋集傳十五卷 王樵　春秋大全三十卷 胡廣等

春秋纂言十二卷 吳澂　春秋四傳三十八卷 左胡公穀

右集注

春秋左氏達義一卷 王玢

春秋左氏傳立義十卷 崔靈恩

春秋左氏經傳義略二十七卷 沈文阿

續沈文阿義略十卷 王元規

春秋左傳述義四十卷劉炫

春秋述義略一卷劉炫　春秋左氏義略三十卷張冲

春秋左氏引帖新義十卷蹇遵品

左傳引帖繼義七卷蹇遵品

春秋左氏講義十卷時灡　春秋左氏講義四卷范仲

春秋正義三十六卷孔穎達

春秋公羊傳疏二十八卷楊士勛

春秋公羊傳疏三十卷徐彥

春秋穀梁傳義十卷 徐邈　問春秋穀梁義三卷 薄叔玄

荅春秋穀梁義三卷 徐邈　春秋穀梁疏十二卷 楊士勛

公羊穀梁文句義十卷 崔靈恩

春秋三傳集義三十卷 李堯俞

春秋義函傳十六卷 干寶　春秋義囊二卷 劉炫

春秋發題辭及義記十一卷 王元規

春秋義疏六十卷 徐文遠　春秋義鑑三十卷 郭翔

春秋排門顯義十卷 張翰　春秋叙鑑三卷 黃彬

春秋義林一卷隋藝文志

春秋五十凡義疏二卷隋藝文志

春秋雜義五卷舊唐書藝文志　春秋科義雜覽十卷塗昭良

春秋通略全義十五卷惠簡

春秋義略十四卷董敦逸

春秋義宗一百五十卷高叔端

春秋通義十二卷王晳　春秋通義二十四卷家安國

春秋通義十二卷蹇遵品　春秋口義五卷胡瑗

春秋講義三卷 王哲

春秋講義六卷 戴溪

春秋講義三卷 朱振

春秋講義五卷 黃叔敖

延陵先生講義二卷 宋蓺文志

春秋精義三十卷 黃彬

春秋訓義十一卷 蔡芳

春秋括義三卷 邵川

春秋要義二十卷 魏了翁

春秋要義十卷 蔡延鼂

春秋經社要義六卷 孫覺

春秋要義三十卷 胡瑗

春秋折衷義十一卷 吳敌

春秋義解十二卷 王棐

春秋異義解十二卷 王哲

春秋義十二卷　王棐

春秋義二十四卷　謝湜

春秋總義三卷　謝湜

春秋正義十二卷　毛邦彦

春秋名義二卷　周彦熠

春秋名義一卷　王日休

春秋原經十七卷　詹萊

春秋集傳釋義大成十二卷　俞臯

春秋本義三十卷　程端學

春秋讞義十卷　王元杰

春秋讞義十二卷　干文傳

春秋新義十卷　宋堂

春秋新義二卷　王崇慶

春秋事義攷二十卷　姜寳

春秋翼二十卷黃正憲　春秋經筌十六卷趙鵬飛

春秋大旨十卷魏謙吉　春秋闕疑八卷鄭玉

春秋纂疏三十卷汪克寬　春秋私考三十六卷季本

春秋世學三十八卷豐坊　春秋讀傳解略十二卷姜寶

右義疏

春秋雜記八十三篇公羊高

左氏微二卷漢蓺文志　鐸氏微三篇鐸椒

虞氏微二篇虞卿　張氏微十篇漢蓺文志

春秋公羊記十一篇 顏安樂

石渠議奏三十九篇 漢藝文志

春秋繁露十七卷 董仲舒

春秋決事十卷 董仲舒

春秋漢議十三卷 何休

駁何氏漢議十一卷 服虔

駁何氏漢議二卷 鄭玄

理何氏漢議二卷 糜信

春秋議十卷 何休

春秋成長說九卷 服虔

春秋釋訓一卷 賈逵

春秋塞難三卷 服虔

春秋荅問五卷 荀爽徐欽

春秋成奪十卷 潘叔虔

春秋攷昧十三卷劉炫　春秋規過三卷劉炫

春秋左氏經傳朱墨列一卷賈逵

春秋左氏膏肓十卷何休　左氏膏肓釋痾五卷服虔

左氏釋滯十卷殷興

左氏傳賈服異同畧五卷孫毓

春秋左氏傳評二卷杜預

春秋左氏區別三十卷何弘真

春秋鼓吹一卷吳元緒　左氏解一卷王安石

左氏蒙求二卷 楊彥齡　左氏指元二卷 楊希範

春秋左氏傳雜論一卷 晁補之

左氏章指三十卷 陳傅良　左傳類編六卷 呂祖謙

左氏博議二十五卷 呂祖謙

博議綱目一卷 呂祖謙　左氏說一卷 呂祖謙

左氏廣誨蒙一卷 李浹　左氏類事始末五卷 章冲

左氏約說一卷 石朝英　左氏發揮六卷 吳曾

左氏說十卷 李孟傳　左氏鈔十卷 唐藝文志

左傳事例二十卷 茅應泰

左傳編紀十卷 張傳靖

左氏摘奇十二卷 宋藝文志

左氏綱領四卷

左氏聯璧八卷 葉紹鳳

左氏統紀三十卷 呂祖謙

左氏屬事二十卷 傳遜

左氏國紀二十卷 徐得之

左氏始終三十卷 程公說

左氏始末十二卷 唐順之

春秋左傳類解二十卷 劉績

左傳羅氏節文二卷

左傳詳節八卷 許孚遠

左傳節文十五卷 汪道昆

春秋左傳釋附二十七卷 黄洪憲

左氏討二卷 馮時可

左氏論二卷 馮時可

左氏釋二卷 馮時可

春秋公羊墨守十四卷 何休

公羊違義三卷 劉寔

春秋穀梁廢疾三卷 何休

問穀梁傳義三卷 蕭邕

春秋三家訓詁十二卷 賈逵

春秋三傳論十卷 韓益

春秋三傳評十卷 胡訥

公穀二傳評三卷 江熙

春秋二傳異同十二卷 李鉉

三傳異同三卷 馮伉

春秋經合三傳通論十卷潘叔度

三傳旨要十五卷劉軻

春秋三傳纂要二十卷姜虔嗣

春秋三傳正附論十三卷陳藻林希逸

三傳經字異同一卷丁副

續明三傳說略八卷敬銈

三傳分門事類十二卷晁氏讀書後志

三傳玄談一卷經籍志

春秋說要十卷龐信

春秋難答論一卷王愆期

春秋申先儒傳論十卷　崔靈恩

春秋折衷論三十卷　陳岳

春秋要論五卷　馮擇言

春秋皇綱論五卷　王晳

春秋總論三卷　孫復

春秋正論三卷　龍昌期

春秋復道論十五卷　龍昌期

春秋論三十卷　趙瞻

春秋統論一卷　陳禾

春秋時論一卷　李棠

春秋中論三十卷　劉本

春秋百論一卷　石朝英

春秋類論四十卷　趙震揆

春秋得法忘例論三十卷　徐德操

春秋五論一卷呂大圭

春秋十三伯論一卷莊穀

春秋決疑論一卷隋藝文志

春秋辨証明經論六卷唐藝文志

春秋集議論略二卷李堯俞

春秋論一卷唐順之

元山春秋論一卷席書

春秋旨通十卷王述之

春秋碎玉一卷李瑾

春秋指掌十五卷李瑾

春秋微旨三卷陸淳

春秋摘微四卷盧仝

春秋纂微闡類義統十卷 趙匡

春秋尊王發微十二卷 孫復

春秋統微二十五卷 章拱之

春秋指微十卷 曾有開

春秋見微五卷 范巽中

春秋探微十五卷 馮駢

春秋叢林十二卷 李謐

春秋振滯二十卷 王元感

春秋通一卷 韓滉

春秋指元十卷 張傑

春秋纂要四十卷 高重

春秋纂要十卷 姜虔嗣

春秋事要十卷 元保宗

春秋原要二卷王曉

春秋纂類十卷葉清臣

春秋纂類義統十卷蹇遵品

春秋要類五卷袁希政

春秋摠要十卷李撰

春秋指要一卷朱振

春秋集要二卷鍾芳

春秋傳類十卷張德昌

春秋元會十二卷鄭昭慶

春秋闕言十二卷黃君俞

春秋本旨四卷何涉

春秋意十五卷皮元

春秋褒貶志五卷劉夔

春秋意林二卷劉敞

春秋通志二十卷朱長文

春秋要旨十二卷　呂大圭

春秋正名賾隱要旨十二卷　朱振

春秋賾隱要旨敘論一卷　朱振

春秋通旨一卷　胡安國

春秋書法大旨一卷　高允憲

春秋書法鉤玄四卷　石光霽

春秋直指三卷　宋藝文志

春秋本旨一卷　高拱

春秋意見一卷　許誥

春秋臆六卷　徐學謨

春秋索隱五卷　陳洙

春秋索隱五卷　朱定序

春秋釋幽五卷 許洞　春秋集表二卷 楊彥齡

春秋機括二卷 沈括　春秋邦典二卷 唐既濟

春秋諫類二卷 沈緯　春秋紀諫三十卷 洪皓

春秋守鑑一卷 王叡　春秋龜鑑一卷 王叡

春秋應判三十卷 塗昭良　春秋紀詠三十卷 宇文虛中

春秋綴英二卷 謝璧　春秋對事五卷 李塗

春秋扶懸三卷 蔡延龜　春秋策問三十卷 蔡延龜

春秋夾氏三十卷 蔡延龜　春秋樞宗十卷 李融

春秋琢瑕一卷鞏濬　春秋蒙求五卷王邦彥

春秋文權五卷蹇遵品　春秋備對十三卷謝子房

春秋指蹤二十一卷鄧驥　春秋指南十卷張根

春秋權衡十七卷劉敞　春秋讞三十卷葉夢得

春秋集善十三卷胡銓　春秋正辭二十卷畢良史

春秋總鑑十二卷董自任　春秋素志三百十五卷夏休

春秋麟臺獨講十一卷夏休

春秋私記一卷朱臨　春秋分記九十卷程公說

春秋分記四十卷程伯剛

春秋三傳分國紀事本末　卷勾龍傳

春秋本末三十卷孔克表

春秋諸國統紀六卷齊履謙

春秋分門屬類賦三卷崔昇撰楊均注

春秋門例通解十卷王炫

春秋學纂十二卷孫覺

春秋集義綱領二卷李明復

春秋通訓十六卷張大亨

春秋類聚五卷王仲孚

春秋比事三卷蔡廷逸

春秋比事二十卷沈棐

春秋比事十卷程公說　春秋屬辭比事五卷辛次膺

春秋提綱十卷程則通　春秋屬辭十五卷趙汸

春秋師說三卷趙汸　春秋通說十三卷黃仲炎

春秋學十卷李燾　清全齋讀春秋編三卷陳深

春秋說一卷張載　春秋說一卷張邦奇

春秋說志五卷呂柟　春秋或問六卷呂大圭

春秋或問十卷程端學　春秋解問一卷丁喬昌

春秋備忘十卷敬鉉　續備忘遺說三十卷敬鉉

續屛山杜氏遺説八卷 毄鉉

春秋啓鑰龍虎正印五卷 彭飛

春秋明經二卷 劉基　續春秋明經十二卷 黃佐

春秋作義要訣一卷 汪克寛

春秋録疑十七卷 趙恒　春秋加减一卷 唐元和中定

春秋先儒異同三卷 李鉉　春秋表記一卷 宋藝文志

春秋易簡四卷 湯廸　春秋備覽四卷 魏謙吉

春秋透天關十二卷 晏兼善

春秋金鑰匙一卷 經籍志

春秋紀愚十卷 金賢

紀愚或問一卷 金賢

春秋明志錄一卷 熊過

春秋通議一卷 邵弁

春秋文苑六卷 沈宏

春秋嘉語六卷 沈宏

春秋大夫詞三卷 隋藝文志

春秋詞苑五卷 隋藝文志

春秋詞命三卷 王鏊

春秋後語十卷 盧藏用

春秋機要賦一卷 裴光輔

續機要賦一卷 李象

春秋括囊賦集注一卷 王霄

汲冢師春一卷

春秋繁露節解十卷 吳鵬舉

右論說

春秋集解序一卷劉寔

春秋序論二卷干寶

春秋序注一卷賀道養

春秋序注一卷崔靈恩

春秋序注一卷田元休

春秋左傳杜預序解一卷劉炫

春秋左傳序注一卷陰洪道

春秋公羊序解一卷鮮于公

右序解

春秋釋例十卷　穎容
春秋釋例十五卷　杜預
春秋釋例集說三卷　李衡
左傳條例九卷　鄭衆
春秋左氏傳條例二十卷　劉歆
春秋左傳例苑十九卷　梁簡文帝
春秋左氏條例十卷　崔靈恩
春秋公羊謚例一卷　何休
春秋公羊條例一卷　何休
春秋公羊例序五卷　刁氏
春秋公羊新例十四卷　陳德寧

春秋穀梁傳例一卷范甯
春秋穀梁新例六卷陳德寧
公羊總例十卷成玄
鄒氏春秋總例一卷宋藝文志
三傳異同例十三卷唐李氏
春秋三傳總例二十卷韋表微
明三傳例八卷啓鋐
春秋牒例章句九卷鄭衆
春秋條例十一卷劉寔
春秋啖趙纂例十卷陸淳
春秋通例三卷陸希聲
春秋總例十二卷周希聖
春秋經例十一卷方範

春秋經傳說例疑隱一卷吳略

春秋統例二十卷朱臨

春秋演聖統例二十卷丁副

春秋義例十卷通志畧

春秋說例十一卷朱瑗

春秋通例一卷胡安國

春秋例六卷宋藝文志

春秋顯微例目一卷程迥

春秋經解義例二十卷趙瞻

春秋本例二十卷崔子方

春秋類例十二卷石公孺

春秋指要總例二卷石林

春秋五禮例宗十卷張大亨

春秋序例一卷家鉉翁

春秋國君名例一卷通志畧

春秋類六卷宋藝文志　春秋總例三卷吳澄

春秋輯傳凡例三卷王樵

右類例

春秋圖七卷嚴彭祖　春秋圖五卷張傑

春秋盟會地圖一卷嚴彭祖

春秋列國圖一卷劉英　春氏春秋圖十卷梁簡文帝

春秋指掌圖二卷張傑　春秋指掌圖十五卷李瑾

春秋指要圖一卷黃恭密　春秋龜鑑圖一卷張暄

春秋興亡圖鑑一卷沈滋仁

春秋圖鑑五卷洪勳

春秋手鑑圖一卷

春秋世族圖五卷陳岳

演左傳世族圖五卷通志略

春秋世次圖四卷鄭壽

世本圖一卷崔表

春秋名號歸一圖二卷馮繼先

春秋名號歸一圖二卷岳本

春秋明例隱括圖一卷王哲

右圖

春秋左氏分野一卷鄭玄　春秋釋例地名譜一卷杜預

春秋土地名三卷裴秀　春秋地名譜十卷鄭樵

春秋歷代郡縣地名沿革表二十七卷張洽

左傳地名録二卷劉城　春秋地名考一卷楊愼

帝王歷紀譜三卷經籍志　春秋世譜七卷杜預

春秋列國王伯世紀三卷李琪

春秋十二公譜一卷鄭玄　王侯世表一卷宋藝文志

公子姓譜二卷荀卿　春秋小公子譜六卷杜預

春秋公子譜一卷楊蘊

春秋左氏諸大夫世族譜十三卷顧啓明

春秋世族譜一卷經籍志

春秋字族名謚譜五卷通志畧

春秋人譜一卷孫子平練明道同撰

春秋人表一卷韓璜　春秋列國臣子表十卷環中

春秋年表一卷楊蘊

春秋十二國年歷一卷蹇遵品

春秋二十國年表一卷 環中

春秋年表一卷 岳珂　春秋四譜一卷 鄧世名

辨論譜說一卷 鄧世名　左氏譜學一卷 黎良能

春秋名字異同録五卷 馮繼先

春秋列國諸臣傳贊五十卷 王當

春秋諸侯傳三十卷 鄭昂　春秋列傳五卷 劉節

左氏紀傳五十卷 經籍考

右譜

春秋五辨一卷沈宏　春秋辨証六卷隋經籍志

春秋辨疑十卷陸淳　春秋經辯十卷蕭楚

春秋明辨十一卷任公輔　春秋公穀考異五卷楊士勛

春秋三傳辨疑二十卷程端學

春秋經傳辨疑一卷童品　春秋諸傳辨疑二卷朱睦㮮

春秋左氏辨失一卷王日休

左氏釋疑一卷黎良能　左氏釋疑七卷裴安世

左鐫一卷邵寶　左氏鐫二卷陸粲

左氏傳辨誤二卷 傅遜

春秋非左二卷 郝敬

春秋公羊辨失一卷 王日休

春秋穀梁傳辨失一卷 王日休

春秋孫復傳辨失一卷 王日休

春秋胡傳辨疑二卷 陸粲

鍼胡篇一卷 袁仁

春秋釋疑二十卷 宋藝文志

春秋質疑四卷 任桂

春秋志疑三十卷 胡志寧

春秋傳疑四卷 余本

春秋考十二卷 鄭樵

春秋考三十卷 葉夢得

春秋三傳會考三十六卷 王應麟

春秋考異十三卷 李心傳　春秋考異四卷 吳曾

春王正月考一卷 張以寧

右考正

春秋左氏音一卷 服虔　左氏傳音三卷 高貴鄉公髦

春秋左傳音三卷 杜預　春秋左傳音三卷 嵇康

春秋左傳音三卷 李軌　春秋左傳音三卷 徐邈

春秋左傳音四卷 荀訥　春秋左傳音三卷 王元規

左傳音三卷孫毓　春秋左傳音三卷徐文遠

左傳音三卷曹毓　左氏音十二卷唐藝文志

春秋左氏音義六卷陸德明

春秋左傳口音三卷韓台　春秋公羊音二卷王儉

春秋公羊音一卷陸德明　春秋公羊音一卷汪淳

春秋穀梁音一卷徐邈　春秋穀梁音一卷陸德明

春秋傳類音十卷張冒德　春秋直音三卷方淑

春秋本音二十卷洪興祖　春秋音義賦十卷尹玉羽

春秋字源賦二字楊文舉　三傳釋文八卷陸德明

右音

春秋緯三十卷宋均注　春秋災異十五卷郗萌

春秋災異録八卷陳岳　春秋災異應録卷通志畧

春秋内事六卷通志畧　春秋秘事十一卷通志畧

春秋包命二卷通志畧　晉史春秋卦名一卷通志畧

右讖緯

春秋外傳國語二十卷左邱明

春秋外傳國語注解二十卷 賈逵

春秋外傳國語五十四篇 劉向

春秋外傳國語注解二十一卷 虞翻

春秋外傳國語章句二十二卷 王肅

春秋外傳國語注解二十二卷 韋昭

春秋外傳國語注解二十卷 孔晁

春秋外傳國語注解二十一卷 唐固

國語補音三卷 宋庠

國語音畧一卷 通志畧

國語音義一卷 魯有開

内傳國語十卷 劉攽

左氏國語類編六卷 呂祖謙門人

非國語二卷 柳宗元

辨國語三卷 林槩

授經圖卷二十

總校官原任補知府臣葉佩蓀

校對官中書臣楊世綸

謄錄監生臣朱一政

圖書在版編目（CIP）數據

授經圖 / (明) 朱睦㮮撰. — 北京：中國書店,
2018.8
ISBN 978-7-5149-2052-9

Ⅰ. ①授… Ⅱ. ①朱… Ⅲ. ①經學 - 專題目録 - 中國
- 明代 Ⅳ. ①Z88:B2

中國版本圖書館CIP數據核字(2018)第080089號

四庫全書·目録類

授經圖

作　者　明·朱睦㮮　撰
出版發行　中國書店
地　址　北京市西城區琉璃廠東街一一五號
郵　編　一〇〇〇五〇
印　刷　山東汶上新華印刷有限公司
開　本　730毫米×1130毫米　1/16
印　張　25
版　次　二〇一八年八月第一版第一次印刷
書　號　ISBN 978-7-5149-2052-9
定　價　八九　元